日本人のための漢字入門

阿辻哲次

講談社現代新書
2563

はじめに　漢字には意味があるからおもしろい

名前の漢字にこだわる理由

二〇二〇年に東京でオリンピック・パラリンピックが開催されると決まったころ、知りあいの学生がおもしろいことをいっていた。彼女のお父さんは前に東京でオリンピック・パラリンピックが開かれた昭和三十九年（一九六四）の生まれで、それにちなんで「五輪男」という名前をつけられた。「五輪男」と書いて「イワオ」と読むのだそうだが、それはかなりの難読名で、みんな「ゴリオ」としか読んでくれない。本人もはじめはむきになって訂正していたけれど、今はすっかり慣れてしまったとのこと、でもお父さんのことを考えると、子どもの命名では子どものことを最優先に考えてやらないといけないですよね、とその学生はいっていた。

いろんな方と漢字の話をしていて、もっともよく話題になるのが名前に使われている漢字である。やれ、サブロウ課長のロウは「朗」だけれども、あたしたちにはイヤミばっかり言って、ちっとも朗らかじゃないとか、おれのマコトは画数がいいからということで

「真」に決められたけど、おれは「誠」がよかった、だってその方が新撰組みたいでかっこいいじゃないかとか、「名は体を表す」というけれど、美しく聡明と書くミサトさんの場合はどうやら例外みたいだとか……こんな話はあげていったらきりがない。

ほかにも、名前にひらがなやカタカナが使われている人は、中国人と交流する時には自分の名前を漢字で書けるようにしておかなければならない、と中国語の授業で話すと、講義のあとに一人の女子学生がニコニコしながらやってきて、今日はとっても嬉しいことを聞いた、自分の名前に使う漢字を自分で決めるチャンスなど、めったにあるものではない、私は「みどりこ」という名前だけど、これからは「碧湖」と書きます。なんかエメラルドグリーンの神秘的な湖みたいで、めっちゃ素敵じゃないですかぁ……。

人生にずっとついてまわる自分の名前にどんな漢字が使われているか、それが気にならないという人はほとんどいないだろう。ヨシコさんのヨシが「吉」なのか「良」なのか、それとも「佳」なのか、あるいはヒロシくんが「浩士」なのか「弘史」なのか、それとも一字で「宏」なのか「博」なのか……他人にはたいした問題ではないが、本人にはとても重要で、もし書きまちがえられたら、その人はきっと不愉快に感じ、訂正を要求することだろう。

日本人がそれほど名前の漢字にこだわるのは、もちろんその文字が表す意味を重視しているからにほかならない。漢字はそれぞれの文字が固有の意味をもつ「表意文字」であって、そのことがもつ意義のもっともわかりやすい事例が、ほかでもなく名前に使われている漢字なのである。

「人」は二人が支えあっている？

そんな名前のほか、漢字の意味が日本人に非常に重視されることのわかりやすいケースとしてもう一つ、さまざまな場でのスピーチに漢字の成り立ちが引きあいに出されることがある。結婚披露宴でお祝いのスピーチを頼まれたことがある人のなかには、街の書店や図書館で「心にのこる名スピーチ」というようなタイトルの本を手にとった経験があるかもしれないが、その種の本には漢字をネタにした話がよく載っている。

一例をあげれば、結婚は人生最大のビッグイベントだが、「結」で糸へんの右にあるのは「大吉」の「吉」だから、この漢字は「めでたい」という意味を表していて、その上さらに、糸を堅くキチッと結びつけるという意味もある。つまり二人をつなぐ赤い糸をしっかりと、キッチリと結びつけるのが結婚なのであるという、だじゃれに近いようなネタもある。

学校の校長や会社の社長がなにかの式典でする挨拶にも、漢字ネタがよく登場する。特によくあるのが、漢字をいくつかの要素に分けて、要素の組みあわせからその字がもともとどんな意味だったかを説明するやり方で、有名な例では、「人」は二人の人間がおたがいに相手を支えあっている形を表しているという話がある。これはかつて大人気を博したテレビドラマのなかで武田鉄矢氏が話したことが社会にひろまったとのことで、ドラマで聞いたこの話をいまも覚えている方がたくさんおられるようだ。

　阪神淡路大震災や東日本大震災、さらには熊本や北海道、新潟など各地でたてつづけに地震が起きている。被災された方には心よりお見舞い申しあげ、一日も早い復興を祈るが、震災のあと、各地で「絆」という漢字をよく見かけるようになった。「絆」は糸へんに《半》と書くが、それは一本の綱を両側から半分ずつ持ち、二人の人間がしっかりと支えあい、つながることを表している。震災からの復興にもっとも必要なものは、そのようにおたがいに支えあう人と人の連帯なのだと……。

「人」も「絆」も、聞く人になるほどと思わせる、非常に説得的ですばらしい話だと私も思う。ほかにも私自身が直接聞いた話として、小学校の卒業式の時に、「親」という漢字について校長先生が話されたことをいまもはっきり覚えている。

「親」という漢字では、左に《木》と《立》が、右に《見》がある。つまり親とは《木》の上に《立》って、子どもを《見》ている人のことである。君たちは今日晴れて小学校を卒業するが、ここまで成長できたのは、ひとえにご両親がずっと君たちを見守っていてくださったおかげである。さらにこれからもご両親は君たちをずっと温かく見守っていてくださるにちがいない。親とはまことにありがたい存在なのである……。

小学校の卒業式という節目で語られたこの感動的な話は、両親に対する感謝の気持ちを呼びおこす、まことによくできた話だと思うし、それを聞いた時は、子ども心にも感心したものだった。

「親」という漢字の成り立ち

しかしここまでに紹介したいくつかの漢字の解釈は、まことに残念だが、いずれも学問的にはまちがった解釈だといわざるをえない。

「人」は、一人の人間が立っているところを横から見た形をかたどった象形文字で、二人の人間が支えあっている形を描いた文字ではない。「結」と「絆」では、右側にある《吉》と《半》は単に漢字の発音を表す要素（形声文字の音符という）にすぎず、「きっちり」とか「半分」という意味を表しているのではない。

《辛》と《木》の組みあわせ

「親」の話はよくできていて、うっかりすれば信じこんでしまいそうだが、古い字形での「親」の左側は《立》と《木》ではなく、《辛》と《木》の組みあわせになっているから、《木》の上に《立》っているという説明は文字本来の形には合わない。ちなみに《辛》は身体に「文身《ぶんしん》」（入れ墨）をする時に使う針であって、ここにいう入れ墨とは、ある民族や集団が伝統的風習や成人式などの通過儀礼として身体に加える身体装飾である。

このような入れ墨に使う針を構成要素とする「親」は、山から切り出してきた《木》を神聖なものにするために《辛》（針）を打ちこみ、神聖化された木から作った位牌を毎日《見》て、亡き親を祭ることを意味する漢字であった。

いくつかの漢字をめぐって社会のさまざまな場で話される解釈が、学問的に正しくないことは右に述べた通りである。しかし、とここで私は考える。

「人」は二人の人間がたがいに支えあっている形であるとか、「親」という漢字は、両親が木の上に立って、見えないところから子どもを見守っていることを表すというのは、人と人、あるいは親子の強い結びつきと愛情を感じさせる、まことにいい話であって、これを「学問的にはまちがいだ」とむざむざ切り捨てるのはあまりにも惜しい。

もちろん、学校の授業や辞書の記述のように、学問的な正しさを要求される場では、厳密な研究の成果から導かれた正しい解釈が必要であることはいうまでもない。しかし社会生活でくりひろげられる人間味あふれるコミュニケーションの場で、話を組みたてるマクラやネタとして使われる漢字の解釈では、「なるほど、うまいことというね」と聞き手を感心させることも、最優先ではないにせよ、決しておろそかにされてはいけないことだと思う。

だれでも知っているおなじみの漢字の解釈を通じて、おたがいに理解しあい、共通の感情を高めあう姿勢と気持ちは、社会の対人関係できわめて重要であり、そこにこそ、これまで日本人が生活のすみずみまで漢字を使いこなしてきた経験と文化が現れてくる。それはまさに、古代人の知恵の結晶である漢字が、いまも大いに効果を発揮する、意義深くて価値の高い情景なのである。

目次

おわりに　漢字の未来に向けて

第一章　漢字と暮らす

1　日々の暮らしと漢字

印刷屋の子どものお手伝い

私は昭和二十六年（一九五一）に、大阪・キタの中心地梅田の、ＪＲ大阪駅から歩いて十五分ほどのところに生まれた。まだ戦後の混乱期をひきずったバラックの建物がところどころに残る街のなかで、わが家は小さな活版印刷屋を営んでいた。

最近ではほとんど見かけなくなったが、一昔前にはちょっとした街に活版印刷屋が一軒くらいあり、小型の輪転機が音を立てて回り、商店のチラシや年賀状などを刷っていたものだった。そしてごく零細な規模の印刷屋であったわが家にも、印刷の機械と活字を並べたケースが、ところ狭しと並んでいた。

私が小学生だった昭和三十年代では中学受験のための学習塾などまだほとんどなく、学校からの宿題もほとんどない、まことにのどかな時代だった。小学校ではわんぱく坊主とお転婆《てんば》娘が朝からずっと走り回っていたし、男の子たちは放課後に学校から帰るとグローブとバットをもって原っぱにかけつけ、とっぷりと日が暮れるまで草野球に夢中になったものだった。

しかし自宅が商売をしている家の子どもたちは、そう簡単には野球に行かせてもらえなかった。そこに家業の「お手伝い」という大きな関所がたちはだかっていたのである。

仲がよかった同級生の家は、クリーニング屋を営んでいた。ほかにもたばこ屋と豆腐屋の息子が仲間だった。そのころはどこの店でも子どもが重要な労働力だったから、みんなたっぷり仕事をさせられた。子どもが家の仕事を手伝うのは当たり前で、どうかすれば、それは学業よりも優先された。農村出身の方なら、農繁期には学校が休みになって、畑仕事や弟さん妹さんの子守などを手伝わされた、という思い出をもつ方もきっと多いことだろう。「よく学び、よく遊べ」といわれた時代の子どもは、また「よく働かされた」ものだった。

クリーニング屋の子どもは、帰宅後に洗濯物の配達を命じられていた。たばこ屋の子どもは三十分間の店番をさせられていた。そして印刷屋の小せがれにあたえられた「お手伝い」は、「活字を買いに行く」という仕事だった。世間にはほとんど知られていないだろうが、活字は商品として「活字屋」さんで販売されていたのである。

得意先から注文をいただいた印刷物の原稿にわが家にない漢字が使われていれば、自転車で活字屋さんまで買いに走るのが私の役目だった。わが家が取りあつかう名刺や葉書などにはそんなに難しい漢字は使われないが、しかし活字は文字の大きさや書体ごとに、必要な漢字を揃えていなければならない。たとえば山田町に住んでいる山田商店の山田さんの名刺を作るとすれば、活版印刷では会社名と氏名と住所を印刷する書体と大きさごとに、それぞれ「山田」という文字が必要になる。そのうちの一つでも、たとえば住所を印刷するサイズで明朝体の「田」がなければ、それだけでその名刺は印刷できないから、そんな時には学校から帰ってきた私が自転車でひとっ走りすることになった（もちろん急ぐときは父か母が買いに行っていたが）。

学校で学習する漢字は文部科学省の「学習指導要領」によって決められていて、私たちの小学校時代では、国語の授業で六年間のあいだに八百八十一種類の漢字を学習すると決められていた（平成二十九年度告示の学習指導要領には一千二十六字となっている）。だがそれは学校の勉強での話であり、家で向きあう大人の社会での印刷物では、学校で習うよりはるかに難しい漢字と否応なしに直面させられた。「門前の小僧」よろしく、私は小学校高学年のころには「酷暑の砌《みぎり》」や「ご指導ご鞭撻《べんたつ》」、あるいは「ご愛顧を忝《かたじけな》くいたし」という、当時の大人社会で年賀状や暑中見舞いに使われた紋切り型の常套表現を読むことができた。そのほかにも、小学校はおろか、中学でも高校でも教科書に出てこない漢字にもある程度の知識をもっていたが、それは単にそんな環境に育った結果であって、決して自分から珍字・難字をさがすような「漢字オタク」ではなかった。必要な漢字があまりにも多いことについては疑問もいだいていて、ある時「なんでこんなにたくさん難しい漢字ばかりを使うのかな、ひらがなやカタカナだけの文章だったら印刷も楽なのに……」とつぶやくと、父から「そんな文章をだれが読みたいと思うか！」と強くたしなめられたことを、いまもはっきりと覚えている。

たくさんの漢字がある理由

簡単な文章を書くだけでも、漢字はひらがなやカタカナ、ローマ字より二桁多い数の文字が必要になる。現在の日本で「日常生活で使う漢字の目安」として決められている「常用漢字表」（平成二十二年改定）には二千百三十六種類の漢字が入っており、スマホやパソコンで使える「ＪＩＳ漢字」は全部でだいたい一万字くらいあるが、実際に存在する漢字の数はそんな程度でなく、日本最大の漢和辞典には合計五万もの漢字が見出し字に設定されているし、中国には八万以上の漢字を収録する字書もある。これらの字書には、テレビの雑学系クイズ番組に出題される「いちばん画数の多い漢字はなにか？」というような難字・珍字など、鬼面人を驚かせる「冷僻《れいへき》字」（めったに使われない字）もたくさん入っていて、一部のマニアや漢字オタクがペダンティックにもてあそぶ愛玩物ともなっている。

だがそれにしても、いったいどうしてこんなにたくさんの漢字が作られてきたのだろう？　それにはもちろん理由があって、そのもっとも大きな原因は、漢字が成立以来現在にいたるまで、一貫して表意文字として使われているという点にある。

表意文字とはそれぞれが固有の意味をもっている文字のことで、それに対してひらがなやローマ字のように、意味をもたず単に発音しか表さない文字を表音文字という。

現在の世界で数千万人、あるいは数億人というレベルで使われているメジャーな文字は、ローマ字もアラビア文字もキリル文字（ロシア語を書く文字）もハングル（朝鮮語を書く文字）も、そしてひらがな・カタカナもすべて表音文字だが、漢字だけはいまも表意文字として、膨大な数の人々によって使われている。

この表意文字ということを逆に考えれば、それぞれの文字は、ある特定の物や概念を表すために作られた、ということになる。

たとえば英語でbirdと呼ばれる動物群を表すために、「鳥」と「隹」という二つの漢字がはじめに作られ、そのあとに、公園でポッポッポと鳴いている鳥を表すために、だれかが《鳥》を使って「鳩」という漢字を作った（それがいつの時代のだれであるかは、まったく考えるすべがない）。同じように、家の軒先でチュンチュンと鳴いている鳥のために、だれかが《隹》を使って「雀」という漢字を作った。大空を舞う大きな鳥を表すために「鷲」が作られ、長生きのシンボルとして使われるおめでたい鳥を表すために「鶴」が作られた。これだけで四種類だが、鳥のたぐいには「鶏」「鶯」「雁」「鷺」「鵝」「鶉」など、もっともっとたくさんの種類があり、原則的には一種類の鳥が漢字一字で表されるから、鳥が百種類いれば百個の漢字が作られる、ということになる。

同じことが動物や魚、あるいは木や草についてもいえ、また「夢」や「愛」、あるいは「生」とか「死」のように目に見えない抽象的な概念も、漢字一字で表現された。人間が暮らしている環境においては、このようなモノや概念はいわば無限に存在する。これらのモノや概念は、表音文字なら口から発せられる音声の通りに、たとえば「love」とか「あい」というように文字を並べればいいのだが、表意文字である漢字ではそうはいかず、それぞれの物や概念を指し示すために一つずつ文字を作るしか方法がなかった。漢字の種類が膨大な数となったのは、表意文字としての宿命だった。

イワシ、タイ、アジ……日本で生まれた漢字

さらに、漢字には三千年以上の歴史があり、この長い時間を通じて、中国や日本でたえまない文化の発展があった。社会には新しい物や概念がどんどんと登場し、それに応じてさらに多くの漢字が作られた。

漢字は本家である中国から近隣の国にも伝わり、それぞれの国で新しい漢字が作られた。たとえば中国で古代文明が栄えた地域を流れる黄河や長江にはコイやフナという魚がいるから、それを表すために「鯉」とか「鮒」という漢字が作られた。クジラは黄河や長江にはいないから実際に目にするチャンスはないが、しかしどこか遠くの海にはとてつもなく大きな魚がいる、という話を聞いただれかが、見たこともない魚を表すために「鯨」という漢字を作った。ワニという、見るからにおそろしい爬虫類も、安徽省や江蘇省、浙江省など長江下流域一帯に「ヨウスコウアリゲーター」（学名 Alligator sinensis）という種類がおり、それを表すために「鰐」という漢字が作られた。

しかし黄河や長江には、イワシもタイもブリもサバもいない。そんな見たこともない魚を表す漢字を、中国人が作るはずがない。

いっぽう周囲を海に囲まれた日本では、イワシやタイ、アジ、サワラ、キス、ハタハタなど、黄河や長江にはいないさまざまな魚が食文化のなかで大きな比重をしめ、重要な水産資源として早くから食生活を支えてきた。しかしこれらの魚については中国製の漢字が存在しない。それで日本ではこれらの魚を書き表すために、新しく漢字を作ることとした。こうして日本のどこかのだれかが作ったのが、寿司屋の大きな湯飲みでおなじみの、鰯とか鯛、鰺、鰆、鱚、鱩などの漢字である。

あるいはここで不思議に思う人がいるかもしれない。中国製の漢字がないのなら、それらの魚をひらがなかカタカナで書いたらいいではないかと。だが古代の日本では、そうはいかなかったのである。

よく知られているように、ひらがなやカタカナは漢字から作られた文字だが、それができるのはだいたい奈良時代末期から平安時代にかけてのことと考えられ、それまでの日本語は、どのような内容であれ、すべて漢字で書くしか方法がなかった。だから『古事記』や『日本書紀』、『万葉集』、『風土記』など、奈良時代に書かれた書物はすべて漢字だけで書かれているのだが、平安時代になり、ひらがなとカタカナが生まれると用途と使用者の区分けができ、「女手《おんなで》」と呼ばれたひらがなは天皇や貴族の周辺にいた女性たちが物語や日記、和歌、手紙などを書くのに使い、いっぽうカタカナは漢文で書かれた書物や仏教の経典を勉強するために、僧侶や儒学者などの男性が使った。

多くの人が漢字と仮名をまじえて文章を書くようになるのは、それからはるか後の時代のことで、奈良時代にさまざまな文書を書いた官吏たちの目の前には漢字しかなく、だから彼らは、中国にはいない魚のことを文書に書く時には、自分たちで書き方を工夫したり、新しい漢字を作るしか方法がなかった。

漢字という玉手箱

漢字の字数が多いということから、話が横道にそれてしまった。

たまたま印刷屋に生まれ、活字という形での漢字に囲まれて育った私は、高校生のころから漢字と漢文に興味をもち、大学に入ってからはもっぱら中国の文字文化を研究するようになった。それからすでに五十年近い時間が経ったが、漢字に対する興味はいまもつきない。そのおもしろさを一言でいえば、「漢字は人間の知恵がぎっしりつまった玉手箱」ということになるだろうか。

もうずいぶん前のことになるが、昭和三十年代から四十年代にかけて、漢字は「遅れた文字」だからできるだけ使わず、あるいはまったく使わずに日本語を書くべきだ、という意見が強く主張された時代があった。当時私は中学生だったが、漢字がなくなったら印刷屋の商売はどうなるのかな、などと子どもながらに心配したものだった。だがいまはそんな意見がほとんど聞かれなくなってしまった。日本語はこれまで、一千年以上もの時間にわたって、漢字とひらがな・カタカナを混ぜた形で書かれてきた。そしてこれからもその書き方が続いていくかぎり、私たちは一定量の漢字と無縁ではありえない。

それでは、現代の私たちにはいったいどれくらいの数の漢字が必要なのだろうか。それはもちろん、個人の仕事や経歴、生活環境、あるいは趣味のありようなどによってちがってくる。漢字は人によって好き嫌いがあり、同じ文章を書くにしても、漢字が好きな人は漢字をたくさん使うし、嫌いな人はあまり使わない。しかし自分は漢字が大好きだからといって、難しい漢字をたくさん使って手紙や書類を書いたら、ほかの人にわかりにくくなる。逆に漢字が嫌いな人が漢字をほとんど使わず、ひらがなやカタカナだけで文章を書いたとしたら、それもまたわかりにくいものになってしまう。

それでは、漢字を使うにあたって、私たちはどのようなことに配慮すればいいのだろうか？

日本語には読みは同じだが意味がちがう「同音異義語」がたくさんあって、これらは漢字を使わないとしばしば混乱がおこる。かつて電報が重要な通信手段として使われていたころには、「キシャノキシャキシャデキシャス」という有名な文章があった。このままでは非常にわかりにくいが、それを漢字を使って「貴社の記者汽車で帰社す」と書けば、文意がすぐにわかる。「きょうはいしゃにいく」というかな書きの文章も、「今日は医者にいく」のか「今日歯医者にいく」のかわからない。ほかにも最近聞いた例では、「このごろ話題の『おしょくじけん』」ということばがあった。はじめて聞いた時には、どこかで食事ができるチケットかと思ったのだが、よく聞くとそれは、役所の幹部が賄賂をもらって摘発された汚職事件の話だった。

このような同音異義語をひらがなやカタカナだけで書いたら、読みまちがいがおこりやすい。しかしだからといって漢字を無制限にたくさん使われたら、それはそれでやっかいなことが起こる。とくに近ごろはかなり難しい漢字でも、パソコンやスマホが正しく変換してくれるので、穿鑿《せんさく》とか顰蹙《ひんしゅく》、不埒《ふらち》、毀誉褒貶《きよほうへん》などの難しい漢字でも、簡単に文章に使えるようになっている。しかしそれを読む側には、難しい漢字の読み方をひらがなで示してくれる機械があるわけではない。「酷暑の砌と雖も、貴家の御尊父様は矍鑠としておられ、洵に慶賀の至りです」というメールをもらったとしても、「砌《みぎり》」や「矍鑠《かくしゃく》」、あるいは「洵《まこと》」がどういう意味で、なんと読むのかは、辞書を引かないと、あるいは誰かに聞かないとわからない。

そういう両極端の事態を調節するために、日本語の文章でほかの人と無理なくわかりあえるように、だいたいこれくらいの範囲で漢字を使おう、という枠組みが必要になってくる。こういう考えのもとに、社会で使うべき漢字の範囲が国の政策として決められた。

当用漢字、そして常用漢字

日本ではじめて漢字を使うための規格が定められたのは昭和二十一年のことで、それは「当面のあいだ使う漢字」という意味から「当用漢字」と名づけられた。当時の日本はアメリカ軍の占領下にあり、GHQ（General Headquarters）と呼ばれた占領軍は、新しい日本のあるべき姿を決めるために天皇制や憲法などありとあらゆることを改革し、さらに日本語についても、これからの日本語は漢字を使わず、ひらがなかカタカナまたはローマ字など、表音文字だけで書くべきだと提案した。ごく一般的な文章でも一千種類をこえる漢字が必要になり、それを小学生のころから長い時間をかけて習得しなければならない漢字は、アメリカ人にとっては悪魔の文字と思えたようで、一九四六年に教育事情を視察にやってきた「アメリカ教育使節団」（United States Education Mission to Japan）は、学校教育の観点から、漢字を全面的に廃止にするべきだと主張した。

いまもし公的な場でそんな議論をすれば、「漢字を使わずに日本語を読み書きすることがそもそも可能か？」とか、「学校で漢字を教えなければ、そのうち日本人が漱石や鷗外の作品を読めなくなってしまう！」というような意見がかならず出てくるだろう。しかし占領下にあった政府はあらゆる面でGHQの指導をうけざるをえず、言語政策についても、これからの日本語では漢字を使わないという方針を示した。

しかし現実問題として、明日から漢字をまったく使わずに日本語の文章を書け、というのは無茶な話である。それで当時の文部省は「当面のあいだはこれだけの漢字を使うこととする」という考えのもとに、合計一千八百五十種類の漢字を選んだ。こうして作られたのが「当用漢字表」であり、それは使える漢字を時間とともに減らし、最終的には漢字を全面的に廃止しようとする目的のもとに作られたものだった。

「当用漢字表」が公布された昭和二十一年秋には、まだ日本中いたるところに広大な焼け野が広がり、日々の衣食住すべてが悲惨な状況にあった。人々は家族に食べさせるご飯のことで頭がいっぱいだった。そんな時に、これからの日本語で漢字をどうするか、ということを考えている余裕など多くの人にはまったくなかったにちがいない。

しかしそれから十年あまりの時間が経って、日本の国際的な位置がしだいに向上し、経済も少しずつ復興しだした時、ふと気づけば、いつの間にか漢字が自由には使えないようになっていた。えっ、この漢字は使っちゃいけないの？　漢字はそのうち廃止されるって？　そんなことだれが決めたの？　昭和二十一年の当用漢字？　そんなのおれは知らないよ！　というような会話があったかどうかはともかくとして、漢字廃止などとんでもない、そんなことは絶対にあってはならない……という漢字擁護論が声高に唱えられ、やがて「国語審議会」（日本語の諸問題を扱う、文部大臣の諮問機関）を舞台に、漢字制限派と擁護派の主張が激しく対立した。

ここでは詳しい話は省略するが、漢字をめぐって賛成・反対の対立がいろいろあった結果、「当用漢字表」制定から三十五年の時間を経過した昭和五十六年に「常用漢字表」が制定された。これは当用漢字から一文字も削ることなく、さらに九十五字を加えた、一千九百四十五種類の漢字が収められたが、字数が増えたことよりも、当用漢字が漢字制限を目的としていたのに対して、常用漢字は漢字使用の「目安」と規定されたことの方が、より大きくて重要な変化だった（なお「常用漢字表」は二〇一〇年に改定され、いまでは二千百三十六種類の漢字が収録されている）。

低くなった敷居

そしてそのような政府の国語政策とは別のところで、日本人と漢字の関係を大きく改める劇的な変化が起こった。それは、漢字が機械で書けるようになった、ということである。

欧米のビジネス社会では二十世紀になるころからタイプライターという機械が普及し、機械で迅速にかつ美しく書かれた文書が、社会のあちこちに行きわたっていた。初期のタイプライターはオフィス内で個人による書類の作成などに使われるだけだったが、やがてそれを電話回線につなぎ、離れた地点で情報を瞬時にやりとりできる印刷電信機（テレタイプ、teletype）が発明され、遠隔地や国際間での通信技術が発展すると、ビジネスや報道の世界では情報伝達がめざましいスピードで展開された。しかし漢字はタイプライターでは書けないので、日本ではいつまでも昔ながらの漢字かなまじり文を手書きで書くしか方法がなく、厳しい競争にさらされる報道やビジネスなどでは、機械で処理できない漢字を使っていては国際社会に太刀打ちできないという議論がさかんに主張された。

それはたしかに深刻な問題であったが、しかし永遠に解決できないものではなかった。情報科学の研究が進み、電機メーカーと半導体産業を中心とする技術者の努力によって、一九七〇年代末からは、日本でもコンピューターで多くの漢字が使えるようになり、さらに近年には急速に低価格高機能化したワープロ専用機や小型のパソコンが、驚くべき普及を果たした。これらのコンピューターで漢字を使うために、日本工業規格（ＪＩＳ）が漢字に関する規格を作っているが、その最新規格では常用漢字の四倍強にあたる、一万を超える漢字が使えるようになっている。

元号が昭和から平成に変わったころには比較的安価なワープロ専用機が家庭内にも普及しはじめていたが、それでも、まさかこれほど多くの人が、職場や学校、家庭内はもちろんのこと、電車のなかや喫茶店においてまで、機械を使って漢字かなまじり文の日本語を朝から夜まで書くようになるとは、ほとんどだれも考えていなかった。

あっという間にコンピューターが小型・高機能・低価格化し、いまでは手のひらにのる小さなスマホやタブレットが社会の隅々にまで普及した。さらにインターネットの爆発的な普及によって、きわめて簡単な操作で、いつでもどこででも、欲しい情報が入手できるようになった。電車の座席でパソコンを開いている人もよく見かけるし、キーボードとマウスを自由にあやつる小学生などいまでは珍しくもなんともない。大学ではパソコン（またはスマホ）と電子メールを使わないと教師も学生もまともな活動ができなくなっているし、夫婦げんかの仲直りをスマホのLINEでおこなったという実話を聞いても、だれも驚かなくなった。

電子機器で日本語を書くようになってから、漢字をめぐる状況は大きく変化したが、その最大の変化は、難しい漢字でも簡単な操作でたやすく書けるようになったことだ。いまでは、「憂鬱《ゆううつ》」であれ「顰蹙」であれ「人権蹂躙《じゅうりん》」であれ「魑魅魍魎《ちみもうりょう》」であれ、ことばさえ知っていれば、キーをいくつか押すだけで簡単に画面に表示でき、ボタン一つできれいに印刷までできてしまう。この変化によって、人々は漢字に対して抱いていた恐れやためらいを克服し、こうして漢字に対する敷居が格段に低くなった。

しかしそれでも、いつでもどこでも身の回りにパソコンや情報端末があるわけではないから、これからも文字を手で書くという行為は絶対になくならない。どれほどコンピューターが進歩しても、文章の読み書きが国語力の基本であることはかわらないし、そのための基本教育がおろそかにされることは絶対に許されない。

ただ手書きの時代には大きな労力を必要とした複雑な漢字が、いまは機械によって簡単に書け、きれいに印刷までできるようになったことに対しても、客観的事実としてはっきりと目をむける必要があるだろう。

文字は生活と文化のもっとも深いところに位置するものであって、使われている時間の長さにおいて世界屈指の歴史をもつ日本語の表記の面において、いま史上空前の変化がおきている。

私たちを取り巻くこのような文字の環境が、より便利で合理的なものになるように、文字を書く人それぞれが、日本語の言語と文化を大切にし、それに深く関心をもつことを、私は心から期待したい。

2 「令和」の漢字学

新元号の発表

新しい年度がはじまるのは四月一日と決まっているが、平成三十一年（二〇一九）のその日はちょっと特別な日であった。というのは、天皇の譲位にともなってそれまでの皇太子が新天皇として皇位を継承し、それに連動して五月一日から使われることになる新しい元号がこの日に発表されることになっていたからで、新聞やテレビはかなり前から新元号を予測したり、あるいは新元号を考案する人物を推測したりするなど、いろいろにぎやかなことだった。

その元号がいよいよ発表されるという日、私は京都・祇園にある「漢字ミュージアム」に、新元号の意味や選定の背景などを解説する業務のために、朝からスタンバイしていた。当日のテレビは朝からどのチャンネルも元号報道一色で、漢字ミュージアムでも一階にある映像シアターで、スクリーンにＮＨＫの番組を受信していた。

ふだんは十分ほどの映像をくりかえし流しているだけで、そんなにたくさんの人が入ることもないシアターだが、パブリック・ビューイングがおこなわれたこの日はいつもとようすがちがい、元号が発表される十一時半が近づくと人が続々と集まってきた。

ベンチに腰掛けた来場者はスマホ片手に、菅官房長官の発表をいまかいまかと待っていた。予定よりほんの少し遅れて発表された新元号は、周知のごとく「令和」だったが、その文字の出典が『万葉集』であると発表された時には、何人かから「ほぉ！　万葉集か」という小さなどよめきが起こった。

新元号が使われるのは発表の一ヵ月後にあたる五月一日からだが、新元号が「令和」と発表された直後から、それをめぐるさまざまな意見がテレビやラジオ、あるいはネット上に続々と出はじめた。それらのなかには元号という制度そのものに対する批判や、あるいは何を言っているのかわからないトンチンカンなコメントもあったが、大部分は好意的であって、これから毎日のように使われる元号は、まずはよいスタートを切ったと感じられた。

さて私が見たところでは、それからしばらくの間におこなわれた議論は、おおむね以下の諸点に集約できた。

①「令和」の出典を『万葉集』とすることに問題はないか?

②「令和」をレイワと読むのは、漢音と呉音(ともに漢字の音読みの種別)を混用しているが、そのことに問題はないか?

③「令」という漢字は「命令・号令」という意味で使うのが一般的だが、元号にそのような「上から目線」で高圧的なイメージの文字を使うことに問題はないか?

④「令」という漢字には《へ》(やね・ひとやね)の下を《卩》と書く形と《マ》と書く形の二種類があるが、両者は同じ漢字かどうか。もし同じ漢字だとすれば、どちらが正しいのか?

ほかにもまだ議論はあっただろうが、とりあえず以下に、「令」をめぐる右の4点について考えてみたい。

①出典を『万葉集』とすることに問題はないか？

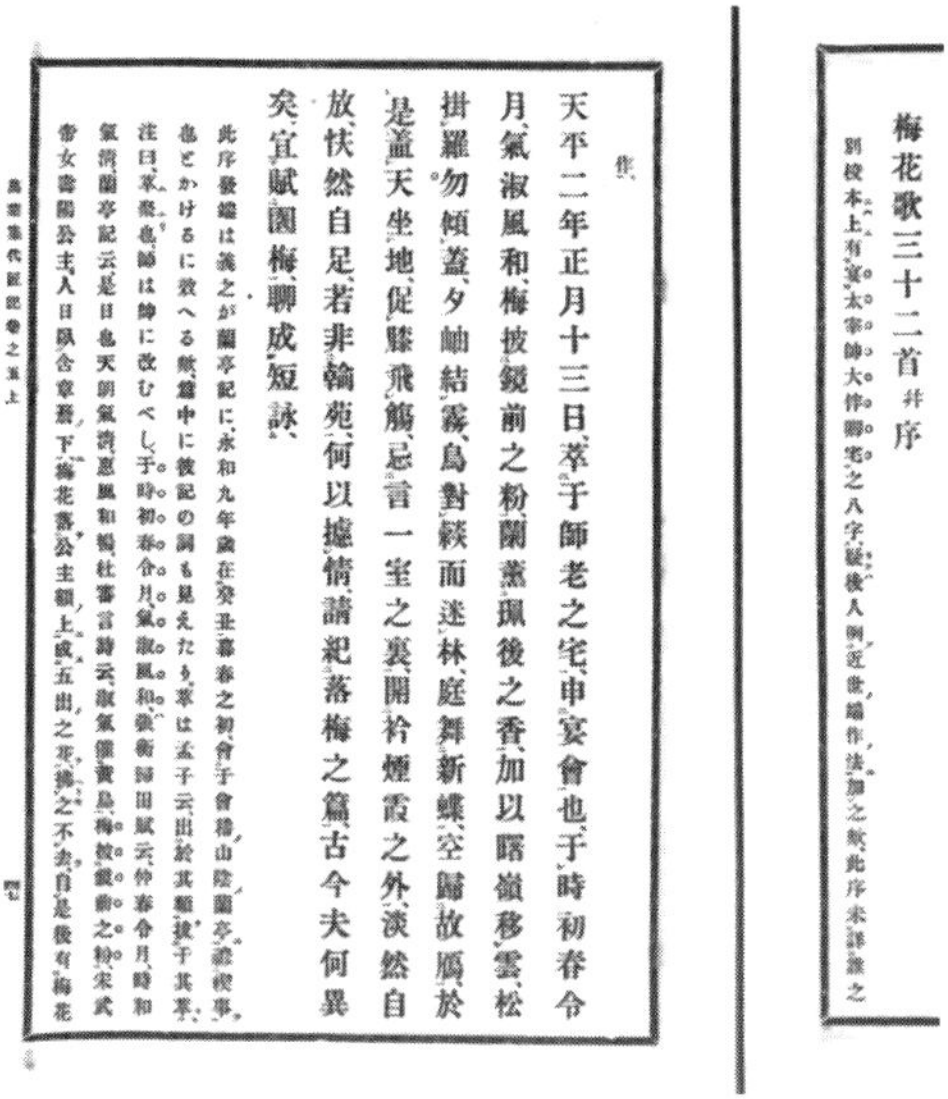
梅花歌三十二首 并序
別校本上有宴太宰帥大伴卿宅之八字疑後人倣近世編作法加之歟此序未詳誰之
作
天平二年正月十三日萃于師老之宅申宴會也于時初春令
月氣淑風和梅披鏡前之粉蘭薫珮後之香加以曙嶺移雲松
掛羅而傾蓋夕岫結霧鳥對穀而迷林庭舞新蝶空歸故鴈於
是蓋天坐地促膝飛觴忘言一室之裏開衿煙霞之外淡然自
放快然自足若非翰苑何以攄情請紀落梅之篇古今夫何異
矣宜賦園梅聊成短詠
此序發端は羲之が蘭亭記に永和九年歳在癸丑暮春之初會于會稽山陰蘭亭脩禊事
也とかけるに效へる歟篇中に後記の詞も見えたり萃は孟子云出於其類抜乎其萃
注曰萃聚也鮨は帥に改むべし于時初春令月氣淑風和張衡歸田賦云仲春令月時和
氣淸蘭亭記云是日也天朗氣淸惠風和暢杜審言詩云淑氣催黃鳥梅披鏡前之粉宋武
帝女壽陽公主人日臥含章簷下梅花落公主額上成五出之花拂之不去自是後有梅花
萬葉集代匠記卷之五上
四

『万葉集』「梅花歌」序

「令和」の出典を『万葉集』とすることは、菅義偉《すがよしひで》官房長官が元号発表の折に、

出典は『万葉集』（巻五）梅花の歌三十二首の序文、「時に初春の令月にして、気淑《きよ》く風和《やわ》らぎ、梅は鏡前の粉を披《ひら》き、蘭は珮《はい》後の香を薫《かお》らす」から引用した

と語ったことによる。官房長官

が引用した『万葉集』のこの文章は、それからあと新聞やネット上に大量に出た解説が説く通り、大宰府《だざいふ》（いまの福岡県太宰府市は「太」を使うが、歴史的名称では「大」）で大宰帥《だざいのそち》（大宰府長官）の地位にあった大伴旅人《おおとものたびと》が天平二年（七三〇）正月十三日に大宰府で梅を愛でる宴を開き、その時に詠まれた三十二首の和歌をまとめた序文に見える表現である。

この出典が話題となったのは、従来の元号がすべて中国の古典を出典としていたのに対し、今回の元号が日本の書物から採られたからで、発表直後の総理大臣談話でもそのことが強調され、その後も現今の国際情勢などに触れるなまぐさい議論などもふくめて、元号を和書から採ることについて多くの意見が出された。

「帰田賦《きでんのふ》」と「蘭亭記《らんていき》」

しかしそれとは別に、「初春令月、気淑風和」の表現はたしかに『万葉集』にあるが、もともとは漢籍に見える文章をふまえたものだから、その出典は『万葉集』ではなく、漢籍と考えるべきだという意見もあった。

『万葉集』には江戸時代中期の僧契沖《けいちゅう》（一七〇一年没）による『万葉代匠記《まんようだいしょうき》』二十巻というすぐれた著述があって、この部分には「于時、初春令月、気淑風和」とは、張衡「帰田賦」に「仲春令月、時和氣清」と云い、「蘭亭記」に「是日也、天朗氣清、恵風和暢」と云う、と注がつけられている（漢文の原文に訓読を補った）。つまり契沖は、この部分は張衡《ちょうこう》「歸田賦《きでんのふ》」（「歸」は「帰」の旧字体）と王羲之《おうぎし》「蘭亭記《らんてい》」という文献をふまえている、といっているわけだ。

　張衡（一三九年没）は後漢の文学者で、また天体や地震の観測機を作ったユニークな科学者としても知られるが、「歸田賦」は政界から身を引き、故郷に戻って余生を送ろうとする心情を述べた「賦」（ながうた）で、そのなかに「仲春の令月、時は和し、氣は清し」という表現がある。

　もう一つの「蘭亭記」は、中国書道史上で「書聖」と評される東晋の王羲之（三六一年没？）が、会稽《かいけい》（いまの浙江省紹興）にあった別荘「蘭亭」に名士や文人を集めて風雅な宴を催した時にできた詩集に附した序文で、通常は「蘭亭序」と呼ばれるが、その筆致は書聖王羲之会心の作として、古来最高の評価をあたえられてきた。その文章の一節に、「是の日や天朗氣清、恵風和暢」という文章がある（ちなみにこれは、日露戦争でロシアのバルチック艦隊を迎えた日本海海戦の折に海軍中将秋山真之《さねゆき》が大本営に打電した有名な電文「天気晴朗なれ

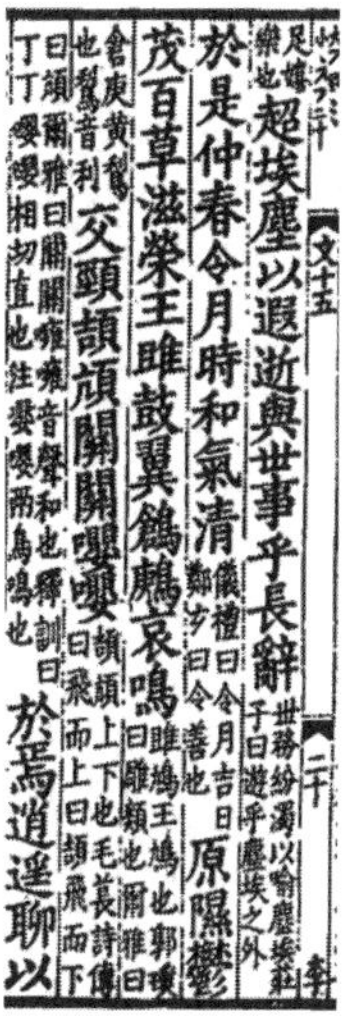
超埃塵以遐逝與世事乎長辭
於是仲春令月時和氣清
原隰鬱茂百草滋榮王雎鼓翼鶬鶊哀鳴
交頸頡頏關關嚶嚶於焉逍遥聊以

「歸田賦」（『文選』巻十五）

ども波高し」の出典でもある)。

「歸田賦」は、春秋戦国時代から南朝梁までの文学者による名文や詩などを集めたアンソロジー『文選《もんぜん》』(梁・昭明太子編)巻十五に入っており、『文選』は日本でも知識人の必読文献であった。「蘭亭序」は書道を学んだ者がなにをさておいてもまず学んだ文章である。だから「大宰帥」の地位にあった大伴旅人がその二つを知らないはずがない。その事実をふまえて、『万葉集』巻五にある「初春令月、気淑風和」には、この二つが出典として存在する、と契沖は考えたようだ。

初春の風の和らぎ

ということなら、「令和」の出典は『万葉集』ではなく、やはり中国の、張衡「歸田賦」と王羲之「蘭亭記」なのかといえば、問題はそれほど単純ではない。

契沖の説にそのまま従いえない理由は二つあって、まず「令和」の「和」が『万葉集』では「初春令月、気淑風和」と、初春(正月)の風の和《やわ》らぎを詠っているのに対し、「歸田賦」では「仲春令月、時和氣清」と、仲春(二月)の情景であり、「和」も時間の調和を意味して使われているから、二つの「和」は必ずしも同じ発想から生まれた表現とはいえない。さらにもう一つの理由として、「蘭亭序」では「恵風和暢」と風の和らぎが詠われてはいるが、しかしこちらには「令」という漢字が出てこない。

　そう考えれば、「令和」の出典はやはり『万葉集』巻五とするのが妥当だろう、と私も考える。そしてそのことを確認したうえで、日本で元号が「一世一元」になってからは、明治が『易経』説卦伝《せっかでん》の「聖人南面而聴天下、嚮**明**而**治**」から、大正が『易経』彖伝《たんでん》・臨卦の「**大**亨以**正**、天之道也」から、昭和が『尚書』堯典《ぎょうてん》の「百姓**昭**明、協**和**萬邦」から、そして平成が『尚書』大禹謨《だいうぼ》（本来は『史記』五帝本紀）の「地**平**天**成**」に由来するように、すべて天下国家の大事を論じる、威厳のある漢籍の文章をふまえていたのに対し、今回の「令和」が、季節が冬から春に変わって感じる心情的な喜びを詠じた句に由来し、自然へのこまやかな観察に根ざす日本人の感性を表現するものであることが、従来にはなかった画期的な元号である、と評価するべきだろう。

②令和をレイワと読むことについて

　日本語の単語は、古くから日本に存在した「やまとことば」（いわゆる「和語」）と中国から伝来した「漢語」、そして江戸時代の南蛮貿易や近年の欧米諸国との交流を通じて入ってきた「外来語」に分けられるが、もともと日本に存在していた固有の「やまとことば」

には、ラ行の音からはじまる単語が存在しなかった。各種の辞典や日本語の古い文献を見ても、ラ行ではじまるのは「羅列」や「瑠璃《るり》」「蓮華《れんげ》」「露骨」などの漢語か、あるいはラジオ・ラッパ・リング・レモン・レコード・ロケットなどの外来語しか出てこない。

それに対して、「令和」は「レイワ」とラ行の音からはじまるから、日本の元号の読みにはふさわしくないのではないか、との指摘があった。

これについては、私も同じような印象をもっている。しかし現代人の言語感覚では、たとえば「りんご」(林檎)や「りす」(栗鼠)、「ろうそく」(蠟燭)、「らっきょう」(辣韮)などはもはや漢語というイメージを持たないし、同じく漢語出身の「陸地」や「礼金」、「ろれつ(呂律)が回らない」などを固有の日本語と感じている人も現実にはたくさんいる。つまり時代の変化とともに、ラ行ではじまることばもかつての時代ほど違和感をもたれなくなっているといえるだろう。ちなみに、日本の元号で「ラ行」からはじまるものには、奈良時代の「霊亀《れいき》」(七一五～七一七年)と、南北朝時代の北朝で使われた暦応《りゃくおう》(一三三八～四二年)がある。

漢音と呉音

「令和」の語頭がラ行ではじまることの違和感のほかに、「レイワ」という読みは「令」

の漢音レイと「和」の呉音ワをつないだもので、不統一だからレイカ（どちらも漢音）またはリョウワ（どちらも呉音）と読むべきだ、との指摘もネット上に出されていた。

周知のように漢字には音読みと訓読みがあり、「山積」と「山積み」、「流星」と「流れ星」、「生物」と「生《い》き物」と「生《な》ま物」のように、ことばによって漢字の読み方が変わる。さらに面倒なことには音読みだけでも使い分けがあって、たとえば「精神《せいしん》」と「精《しょう》進《じん》」では「精」が、「静寂《せいじゃく》」と「静脈《じょうみゃく》」では「静」が、「請求《せいきゅう》」と「請来《しょうらい》」では「請」が、ことなった音読みで使われている。そもそも漢字の音読みには漢音と呉音という二タイプがあって（ほかに唐音や慣用音もあるが、ここでは省略）、「精神」「静寂」「請求」のセイは漢音、「精進」のショウと「静脈」のジョウ、それに「請来」のショウは呉音という音読みである。

漢音と呉音は日本に伝来した時代がちがい、一般的には呉音の方が古いといわれている。また発音のもとになった地域も、漢音は唐代の長安で使われていた漢字音を遣唐使が持ち帰った発音、呉音は南北朝時代の南朝で南京に都を置いた諸王朝と交流の深かった百済《くだら》で使われていた漢字音が、渡来人によって日本に持ち渡られたものとされる。

この二つの音読みは、大まかにいえばだいたい平安時代くらいまでに使い分けができ、呉音は「精進」や「修行」「平等」のように仏教関係の単語に、漢音は「精神」や「行動」「平和」のように、大多数の漢字語に使われる。

さて新しい元号で使われている「令」と「和」の音読みを、手許にある漢和辞典で調べると、以下のようになっている。

令　漢音　レイ　　呉音　リョウ（リャウ）
和　漢音　カ（クヮ）　呉音　ワ

それで、このことに基づいて、レイワは漢音と呉音が混じった、不統一で「みっともない」読み方だから、どちらかに統一すべきである、と主張する人たちがおり、彼らのあいだでは「令」の呉音を使った「リョウワ」という読みが支持を集めていた。

しかし元号の漢字の音読みは、べつに漢音・呉音どちらか一方だけで統一しなければならないと決まっているわけではない。実際に明治（メイは漢音、ジは呉音）や大正（タイは漢音、ショウは呉音）も漢音と呉音が混じった音読みだから、令和がレイワであってはいけないはずがない。

さらに「令」は、いままでは命令・号令・政令・辞令・伝令、あるいは令嬢・令息など、漢音レイで読むことが圧倒的に多く、呉音リョウが使われる語で一般に親しまれているのは、歴史の授業で学ぶ律令《りつりょう》くらいにすぎない。だからであろう、いまの日本で「法令、公用文書、新聞、雑誌、放送など、一般の社会生活において、現代の国語を書き表す場合の漢字使用の目安」として定められている「常用漢字表」では、「令」という漢字に「レイ」という読みしか載せていない。

だからもしも「令和」をリョウワと読んだら、それは「常用漢字表」に載せられていない読み方（「表外音訓」）を使っていることになる。「常用漢字表」は内閣告示として発令されている政府の公的規格だから、その規定から外れる読み方を、元号の読みに政府が使えるわけがない。

③「令」はどういう意味の漢字か

「令」は「命令」や「号令」「指令」ということばに使われる漢字だから、他者に対して威圧的かつ支配的なイメージをあたえる、そんな漢字は元号にふさわしくない、という意見もあった。

いま見ることができる最古の漢字である「甲骨文字」では、「令」はひざまずいた人間に向かって上から口で命令を発している形に書かれている。これがこの漢字本来の意味だから、「令」が「命令」とか「指令」という意味を表す「上から目線」の漢字であることは、成り立ちから考えてもまちがいないといえるだろう。

甲骨文字「令」

しかし漢字には「一字多義」という現象があって、一つの漢字にいくつかの意味があることは珍しくない。この「令」にも「命令する」のほかにいくつかの意味があり、「令和」の出典『万葉集』の「初春令月」では、「令」が「よい・すばらしい」という意味で使われている。じつは「ご令嬢」とか「ご令息」などの「令」もこの「よい・すばらしい」という意味で使われているのだが、それでは「命令する」という意味の「令」が、いったいなぜ「よい・すばらしい」という意味を表すようになったのだろうか？

「魔術霊」

これを考える手がかりは、「霊」という漢字にある。

「霊」（本来の字形は「靈」）は、いまの中国語ではリン（ling）と発音し、「シャープである、切れ者である」とか、「クスリがよく効く」という形容詞に使われる。ある時、台湾のスーパーマーケットで買い物をしていると、緑のプラスチックボトルに入った家庭用洗剤があって、容器に「魔術靈」と書かれていた。はて、この洗剤はどこかで見たことがあると考えていて、ハッと気づいた。それは花王株式会社が台湾で販売する「マジックリン」だった。これは私がこれまでに見た中国語の商品名のなかでも、最高傑作の一つであることはまちがいない。

　日本語でも「幽霊」とか「霊魂」、「霊廟」ということばに使われる「霊」（靈）は、もともとは空にいる先祖の魂を地上に呼びおろす巫女を表す文字で、そこからやがて「はかりしれないほど不思議な」とか「神々しい」、「とても素晴らしい」という意味ができた。敬虔な信仰に対して神や仏が示す不思議な験《あかし》を「霊験」というのがその例で、ほかにも「霊峰」や「霊薬」ということばもある。

　しかし「霊」の旧字体「靈」はなんと二十四画もある複雑な字形であり、古代中国の知識人なら読み書きできる漢字であっただろうが、それでもしかし書くのがはなはだ面倒だ。それで正式の場合は別と

台湾「魔術靈」

して、日常的な文字使用の場では、手っ取り早く書けるようにと、「靈」と同じ発音で、ずっと簡単に書ける「令」を早くからこの漢字のあて字として使っていた。その結果「令」に「よい・すばらしい」という意味が備わり、それで「令嬢」とか「令息」といういい方ができた、というわけだ。

新元号の出典とされる「初春令月」はまさにこの使い方で、「（初春の）このすばらしき月」という意味だから、この「令」には命令的なイメージも、傲慢な「上から目線」もまったく存在していない。

④「令」の下は《卩》と《マ》のどちらが正しいのか？

菅官房長官が「令和」と書かれた額を掲げている写真が有名になり、報道によれば、あの姿から官房長官が女子高生たちのあいだで「令和おじさん」という名前で人気者になっているとのことだが、それはともかくとして、あの額では《へ》の下に、点と《卩》を組みあわせた字形が書かれていた。

しかし世間にはめざとい人もいて、発表からまだ一時間もたっていない段階で、「あの字はまちがっている、《卩》の上は短い横線でなければならないのに、政府が発表したものは点になっている」と私にメールで連絡してきてくれた方がいた。ほかにも、世間にはきっと「あの字はおかしい、「令」は《ヘ》の下が《卩》ではなく《マ》の形でないといけない」と考えた方もたくさんおられたことだろう。

ことは元号に使われる漢字だから、その「正しい字形」をめぐってさまざまな議論が出るのも当然だとは思うが、詳しい考証はあとにして、まずいくつか「令」の字形を見てみよう。

次のページに、『康熙字典《こうきじてん》』（一七一六年成書）に見える「令」を掲げた。『康熙字典』とは名君の誉れ高い清朝第四代皇帝康熙帝の命令で作られた大きな字典である。康熙帝は学問好きの皇帝であり、その皇帝から発せられた字書編纂の勅命を受けて、張玉書《ちょうぎょくしょ》や陳廷敬《ちんていけい》など三十数名の学者が足かけ七年の時間をかけて完成したが、しかし最初にできたものには引用文献の書名や篇名、あるいは引用文の断句などに多くの誤りがあった（この誤りは、のちに王引之《おういんし》が著した『字典考証』によってすべて修正されている）。だがそれは皇帝の命令で編纂されたものだから最も権威のある字書と認識され、内容に関する批判はいっさい許されず、成書した直後から「完璧な字書」として高く評価された。

新元号の発表（写真提供＝朝日新聞社）

『康熙字典』「令」

そんなわけで、漢字の形や音、意味はすべて『康熙字典』の記述がもっとも正しいと考えられてきた。その認識がさらに日本や朝鮮などにも伝わり、近年にいたるまで『康熙字典』が東アジア全体で漢字の規範を示すもっとも権威的な字典とされてきた。

『康熙字典』には清の宮殿で印刷されたものや、江戸時代の和刻本など何種類かの版本があり、字形が版本によって微妙に異なることもあるが、すべて明代の木版印刷で広く使われていた「明朝体」で印刷されている。

そして日本で明治時代に金属活字による印刷がはじまった時にも、金属活字は原則的に『康熙字典』に載せられている明朝体の字形をモデルとして作られた。

次ページの図版は戦前の日本の活字会社や大きな印刷会社で使われていた字形を文字ごとに一覧表にした『明朝体活字字形一覧』（文化庁国語課編）という労作だが、見ての通りすべての漢字が『康熙字典』（いちばん左にある形）と同じ形になっていて、「令」についても、『康熙字典』と同じく、どこの会社の活字でもすべて下部が《卩》の形に設計されている。

戦前の日本で印刷された漢字はすべて、このように『康熙字典』所載の明朝体の形になっていた。この明朝体活字が戦後もさまざまな印刷に広く使われ、さらに技術の進歩によって活版印刷から写真植字、さらにはコンピューターによる印刷に代わっても、文字は特

『明朝体活字字形一覧』

定の場合をのぞいてほとんど「明朝体」で印刷された。いまのパソコンに搭載されている各種の「◎◎明朝」というフォントも、いうまでもなく金属活字の明朝体をモデルとしたものにほかならない。

小学校と中学校でことなる形

現在の日本で出版されている国語辞典や漢字辞典も、どこの会社のものであれ、ほぼすべて明朝体で印刷されているから、「令」は下が《卩》になっている形で辞典に掲載されている。しかし小学校の漢字教育だけは、ちょっと事情がちがう。というのは、小学校の教科書は明朝体ではなく、手書きで書く漢字の形にあわせて設計された、「教科書楷書」という書体で印刷されているからだ。

小学校で使われる教科書や、あるいは小学生が使うように編集された学習用漢字字典では、「令」は次ページの図版のように下が《マ》の形になっている。「令」は小学校四年生の教科書に出る漢字で、同じく四年時に「冷」も出てくるが、「冷」の右にある《令》も、もちろん下が《マ》の形になっている。

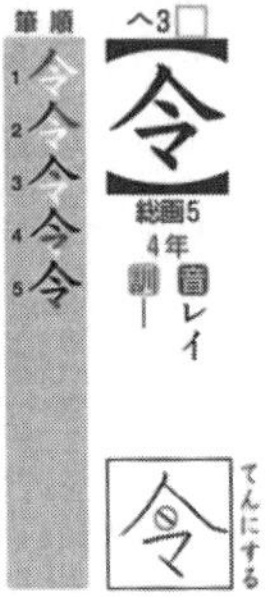

教科書楷書の「令」

しかしこうして「令」や「冷」を《マ》の形で学んだ子どもが中学校に入ると、中学校の教科書では明朝体が使われているので、下が《卩》になった「令」や「冷」と出あうことになる。日本の子どもたちが学ぶ漢字の形は、小学校と中学校ではこのようにことなっているというのが現実なのだ。

これが、「令」の下が《卩》になったり《マ》になったりすることのタネ明かしである。だから「令」の下が《卩》であっても《マ》であっても、それは印刷に使われる漢字の書体がちがうことによる結果であって、文字としてはどちらも同じなのである。

しかし世間ではなかなかそのことが理解されず、《卩》と《マ》のどちらが「正しい」かという議論がしばしば起こる。

これを考えるために、実際に中国や日本で過去に書かれた「令」の形を調べてみると、次ページの図版のように、どちらも同じくらいたくさん使われている。そしてこれが肝腎なことなのだが、これらはすべて「令」という正しい漢字なのである。

問題のポイントは、二つの「令」の見かけ上のちがいは、単にデザインの差にすぎない、ということにある。

世間には、漢字の書き取りの試験で「はねる・はねない」など筆画の微細な差異にこだわって採点する先生や指導者がいるようだ。しかしそれは現在の印刷物だけしか見ていない浅薄な見解であって、その先生は手書き字形と印刷字形が別のものだということをまったく理解しておらず、仄聞《そくぶん》するところでは、「辞書に印刷されているのが漢字の正しい形だ」などと、とんでもない指導をしている先生もいるらしい。

　中国でも日本でも、昔からいままで、漢字の歴史を通じて、印刷される通りに漢字を書く、などということは一度もなかった。「辞書に印刷されているのが漢字の正しい形だ」と主張する先生に対しては、試みに、では貴殿はいつでも国語辞典や漢和辞典に印刷されている通りの形で漢字を書いているか？　と問えばよい。印刷物に使われる明朝体の通りに手書きで漢字を書いている人など、世間には一人もいないと私は断言する。

　特に学校での漢字書き取りをめぐる議論においては、手書きは手書き、印刷は印刷、まったくちがうそれぞれの状況において漢字が使われていることを、もっともっと認識する必要がある。そしてそのことは、「常用漢字表」に附載される

「令」の形

「デザイン差」に関する記述を見れば一目瞭然なのだが、小中学校で国語の授業を担当される先生のなかには、それを見たことがないどころか、その存在すら知らない方もたくさんおられるようだ。

デザイン差

「常用漢字表」そのものを見るのはいともたやすいことで、一般的な国語辞典や漢和辞典ならだいたい巻末の付録についているし、専著としてそれを完全に掲載し、さらに便利に活用できるように工夫を凝らした書物も何種類か市販されている。もちろん文化庁のホームページからダウンロードできるようにもなっている。

https://www.bunka.go.jp/kokugo_nihongo/sisaku/joho/joho/kakuki/14/tosin02/

しかし漢字の字形に関する「デザイン差」ということばをはじめて耳にする人もいるかもしれないので、ここで簡単に、常用漢字表のデザイン差の規定を紹介しておこう。

「常用漢字表」(平成22年内閣告示第2号)にある「(付)字体についての解説」の「第2　明朝体活字と筆写の楷書との関係について」には、次のように書かれている。

常用漢字表では、個々の漢字の字体(文字の骨組み)を、明朝体活字のうちの一種を例に用いて示した。このことは、これによって筆写の楷書における書き方の習慣を改めようとするものではない。字体としては同じであっても、明朝体活字（写真植字を含む。）の形と筆写の楷書の形との間には、いろいろな点で違いがある。それらは、印刷上と手書き上のそれぞれの習慣の相違に基づく表現の差と見るべきものである。以下、分類して例を示す。

そしてその2「筆写の楷書では、いろいろな書き方があるもの」において印刷字体と手書き字体のデザイン差の具体例を示し、個別の事例についての具体例が以下のように記されている。

（1）長短に関する例　雨　戸　無

（2）方向に関する例　風　比　仰　糸　示ヘン
主　言　年

（3）つけるか、はなすかに関する例　又　文　月
条　保

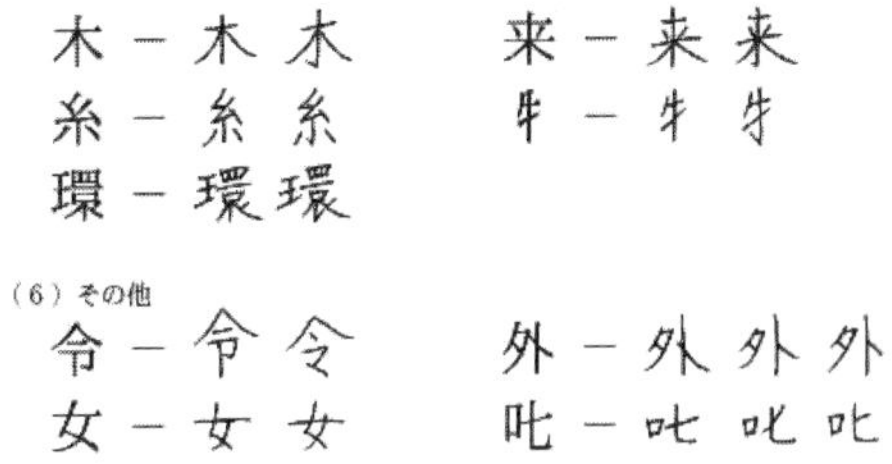

デザイン差の具体例（文化庁ホームページ）

（4）はらうか、とめるかに関する例　奥　公　角　骨
（5）はねるか、とめるかに関する例　切　改　酒　陸　穴　木　来　糸　牛　環
（6）その他　令　外　女

最後の「その他」のところに、「令」の下がどちらであっても同じ漢字であると、この表にはそのものズバリの字形を掲げて、はっきり書いてある。「令」の下部について、《卩》が正しいのかそれとも《マ》が正しいのかという議論がまったく不毛な議論であることについては、これ以上の説明はもはや必要ないだろう。

3　旅先で出あう漢字

「旅」という漢字

学校に勤めていたころは書物と学生が仕事相手だったからそれほど実感がわかなかったが、年末年始や春秋の行楽シーズン、ゴールデンウイーク、あるいは夏休みなどでは、空港や鉄道の主要駅、あるいは高速道路に大量の人や車が押し寄せ、驚くべき混雑が発生す

る。経済学にまったくうとい私でも、内外のさまざまな要因で景気が浮沈し、それが大きな社会問題として話題になっていることはニュースで見て知っているが、しかし行楽シーズンの混雑や渋滞を見ていると、多くの人には、景気の動向にかかわらず、旅行のためだけに使われる別の財布があるのではないか、と思われてくる。

とかく現代人は旅に出たがるものだ。人の趣味はさまざまだというけれど、旅行がきらいという人はめったにいない。

もちろん私も旅行は大好きだ。国内外を問わず、旅先ではその土地独自の珍味や銘酒を味わえるし、都会の雑踏を離れれば、素朴でおだやかな人情に接することも多い。何よりも旅先では普段の生活からは得られない素敵な発見があって、固くなった頭をほぐすことができるし、日常に埋没している自分を外側から見直すこともできる。

しかしそれは現代のレクリエーションとしての旅に備わる楽しみであって、はるか昔の旅はまったく意味がちがう行動だった。旅とは何かの必要があっておこなわれる移動であり、決して楽しいものではなかった。

今の漢字辞典は「旅」という漢字を四画の《方》部に収めているが、もともとは「旗」や「族」、「旋」などと仲間の字で、古くは《㫃》という部に所属していた。《㫃》は《方》と、「旅」や「旗」の右半分の上をあわせた形で、「吹き流しをとりつけた旗」をか

「旅」

たどっている。

「旅」はそんな旗をもった人の後ろに何人かがつき従っている形で、旗を先頭に立てて行進しているのは、どこかと戦争するために進軍している兵士たちであった。

古代の文献に見える「旅」は戦争に出かける軍隊の編制単位を意味する文字で、周の時代の諸制度を記した文献『周礼《しゅらい》』（夏官・司馬）によれば、兵士五百人の集団を「一旅」と呼んだ。昔の日本軍でも「旅団」という編制単位があり、それがまさしく「旅」という漢字をその意味で使っている例である（ちなみに兵士二千五百人を「師」といい、ここから「師団」ということばができた）。

どんなに旅行好きの人でも、そんな「旅」はまっぴらごめんだろう。誰だっていかめしい軍旗よりも、添乗員さんがもつ旗についていくほうが楽しいし、旅先ではもちろん平和な時代の風景にめぐりあいたいに決まっている。

私もこれまでの旅ではずっと、多くの方々と同じように、楽しくて幸せな、忘れがたい感動をたくさんいただいてきた。だが旅先でも看板や掲示を目にすると、習い性となった漢字屋の本性がむくむくと起こってくる。

旅先では見慣れた漢字まで、いつもとちがう新鮮な発見と知識をあたえてくれる。ここではそんな事例をいくつか紹介したい。

①ペンギンはなぜ「企鵝鳥」と書くのか――旭川

かつて中部地方の大学に勤務していたころ、夕方に自転車で自宅に帰ろうとしていた私は、前から一人の男性がなにか小さな動物を連れて散歩してくるのに出あい、思わず二度見してしまった。はじめは犬を散歩させているのかと思ったのだが、犬にしてはなんとなく歩き方がおかしいので、よく見ると、その男性が連れていた動物は、なんとペンギンであった！

あまりにも驚いたので、翌日に大学でさっそくその話をすると、一人の学生が「あぁそれは◎△さんですね。もともと動物好きのおじさんですが、最近はついにペンギンを飼いだした、と近所でも話題になっているのですよ」と教えてくれた。その時に同僚から聞いた話では、ペンギンは温帯に暮らす種類のものなら大きなペットショップが取り寄せてくれるから（かなり高価とのことだ）、ペンギンが泳げる大きなプール（海水を入れる必要がある）と、エサとなる魚などを毎日かなりの分量だけ準備できれば、一般家庭で飼育することも不可能ではないとのことだった。

そんな「ペンギンの散歩」といえば、北海道旭川市にある旭山動物園でおこなわれるものがよく知られている。旭山動物園のホームページによれば、これはもともと冬場にペンギンたちが運動不足になりがちなので、その解消を目的として、キングペンギンが集団で海にエサをとりに行こうとする習性を来園者に見てもらおうということではじまったらしい。しかしそこは日本最北の動物園、旭川は北海道のなかでも特に寒さが厳しいところで、真冬は昼間でも氷点下十度近くになるのに、それでもこのパレードを見るために多くの観光客がやってくるとのことだ。

平成三十年十一月はじめに札幌に行く機会があった私は、得がたいチャンスと思って、かねてより念願だった旭山動物園まで足を伸ばすこととした。調べると、札幌駅前から旭川駅経由で動物園まで行くバスの往復と、動物園入園料がセットになった割引チケットが販売されており、なるほど、さすがに大人気の動物園なのだな、と感じ入った。

旭山動物園の見学が非常に楽しい理由の一つに、それぞれの動物につけられている解説に、飼育員さんが工夫したユニークな説明が加えられていることがある。たとえば「ぺんぎん館」にはキングペンギン・ジェンツーペンギン・フンボルトペンギン・イワトビペンギンの四種類が飼育されているが、それぞれの種類に手作り感あふれるパネルが掲示されている。大都会の動物園だったらおそらく専門業者の手になる美しいプラスチックパネルが掲げられているのだろうが、ここでは厚手のボール紙に親しみやすい手書きの絵と文字が書かれていて、そこにペンギンの種類が、日本語と英語と中国語で書かれていた。

　これを見ると、イワトビペンギンは英語では「Rockhopper Penguin」、中国語では「跳岩企鵝」と、文字通り「岩を跳ぶ」にあたる訳語が加えられているのに対して、フンボルトペンギンの中国語には「漢波徳企鵝」とあった。「漢波徳《ハンポートー》」は命名の由来となったドイツの探検家フンボルト（Humboldt　一八五九年没）の名前を、漢字の発音だけを使い「万葉仮名」式に書いた名称だが、ここでペンギンの中国語部分で「跳岩」とか「漢波徳」とある次に、「企鵝」と書かれているのに注目してほしい。

「ぺんぎん館」の掲示

「つまだつ」

　日本ではかつてペンギンを「人鳥」と書くこともあったが、いまは英語「penguin」からできたカタカナ語「ペンギン」だけを使い、その鳥を漢字で書くことはまったくない。それに対して、カタカナのような表音文字をもたない中国では外国の事物や地名人名も基本的に漢字で書き表すのだが、ペンギンを漢字で「企鵝鳥」と書くのは、日本人にはなかなか理解できないことである。

甲骨文字の「企」

だが「企鵝」ということばに使われている「企」は、「企画」とか「企業」ということばに使われるから日本でもおなじみの漢字で、「常用漢字表」には音読み「キ」と訓読み「くわだ（てる）」が載せられている。そしてある程度漢字に詳しい人なら、この「企」には「くわだ（てる）」のほかに「つまだつ」（つま先で立つこと）という訓読みもあることをご存じだろう。

じつはこの「つまだつ」が、「企」という漢字本来の意味であった。いま見ることができる最古の漢字「甲骨文字」では、この字は人がかかとをあげて、つま先で立っている形に書かれており、それでこの漢字が「つまだつ」と訓読みされる。

「企」という漢字がいまの日本語でもっともよく使われるのは「企画」ということばだろうが、「企画」とは、「つま先で立って遠くを眺める」という意味の「企」と、田んぼに境界線を引くことから、「土地を区切る」という意味を表す「画」（本来は「畫」）をつないだことばであり、そこから「じっと立ち止まり、背伸びをして遠くを眺め、未来を見通して正確に区切りをつけていく」ことを「企画」というようになった。ほかにも、少し古いことばだが、つま先で立って遠くを眺めるように、ある成果を待ち望むことを「企望《きぼう》」という。

いっぽうペンギンは空を飛ぶことができないから、陸上を移動する時には二本の足でヨチヨチと歩き、そして直立したまま立ち止まる。その姿はまるでつまさきで立って遠くを眺めているように見えることから、中国ではペンギンのそんな様子を「企」という漢字で表現した。それで中国語ではペンギンを「企鵝鳥」と呼ぶようになったというわけだ。

一年の半分は夜だけの日が続く南極大陸で、ペンギンたちは足の上にタマゴを載せてつま先で立ちながら、地球温暖化に対してこれからどう対処するべきか、そんな行動について企画会議を開いているのかもしれない。

②鹿児島と「麑」——地名の表し方

東京に行くことを「上京」というようになったのは、いったいいつ頃からなのだろう？「上京」ということばは、イエズス会宣教師が作った日本語＝ポルトガル語辞典『日葡《にっぽ》辞書』（一六〇三年に長崎で出版）に「Miyacoye noboru」（みやこへのぼる）と出てくるが、その

「みやこ」はもちろん京都のことだった。それが明治初めに都が東京に遷ってから、「上京」が自動的に東京に行くことを意味するようになった。

それでは「上京」の反対に、東京に住む人が他の街にいくことを漢字表現ではなんというのだろう。かつては「下向《げこう》」ということばがあったが、それは「都落ち」とおなじように価値判断をともなった言い方であって、単なる移動という意味には使わない。また「下京」ということばはないから、どうやらそれには適当な言い方がないようだ。

しかし到着地から見れば、たとえばだれかが大阪にやって来ることを、大阪では「来阪」という。このような言い方は各地にあり、名古屋では「来名」、静岡では「来静」、仙台では「来仙」、千葉では「来葉」、徳島では「来徳」などなど……、同じような例は、きっと全国各地にあることだろう。なお福島県と福井県と福岡県ではどこも「来福」というようだが、実際には使われる場と文脈によってわかるので、三つが混同されることはまずありえない。

ところで近頃は埼玉県の「さいたま市」をはじめ、青森県の「むつ市」、茨城県の「つくば市」、兵庫県の「南あわじ市」、沖縄県の「うるま市」などひらがなで書かれる地名や、北海道の「ニセコ町」、山梨県の「南アルプス市」などカタカナ表記の地名もあるが、かつて日本の地名はほとんど漢字で書かれていた。

この漢字で書かれる地名は、圧倒的に訓読みで読まれることが多い。具体的に考えれば、都道府県名で音読みが使われるのは北から「北海道」「群馬」「東京」「岐阜」「愛知」「滋賀」「京都」「奈良」「兵庫」「高知」「佐賀」の十一ヵ所で、全体の四分の一にも満たない。また市町村名でも、「仙台」「新庄」「上越」「日光」「那須」「草加」「江南」「新宮」「別府」「那覇」などと思いつくままにあげれば音読み地名もそれなりにあるが、しかし訓読み地名の方が圧倒的に多く、「帯広」「弘前《ひろさき》」「魚沼」「角館《かくのだて》」「横浜」「酒田」「会津」「倉敷」「下関」「松山」「室戸」「小倉」「鳥栖《とす》」「諫早《いさはや》」「八代《やつしろ》」「高千穂」「枕崎」「石垣」「八重山」……などなどきりがない。地名はもともと土地の歴史や環境などに関する「やまとことば」に由来するものが多く、そんな場合では漢字で書かれていても訓読みされるのが一般的であった。

大多数が訓読みで読まれるそんな地名が、しかし「来阪」や「来名」のように漢字一文字で表される場合には、音読みが使われる。そこでは熊本の「来熊《らいゆう》」や岡山の「来岡《らいこう》」のように、他県の者が耳で聞いただけならまず理解できない読み方も自由に使われており、この言い方がとりわけ鉄道や高速道路などの名称によく見られる。東京と名古屋を結ぶ「東名高速道路」、信州と越後を結ぶ「信越本線」、東京と横浜を結ぶ「京浜東北線」、福岡県久留米市と大分県大分市を結ぶ「久大本線《きゅうだい》」、あるいはかつて青森と函館を結んだ

「青函連絡船」など、その例は枚挙にいとまがない（なお東京と千葉を結ぶ「京葉線」がケイヨウ線と音読みされるのに対して、東京と埼玉を結ぶ「埼京線」ではサイキョウ線と、埼の訓読み「サイ」が使われているが、これはおそらく「埼」の音読み「キ」が現代人にはなじまれていないからだろう）。

ザビエル渡来を記念した公園

そんな地名に使われる漢字について、非常に興味深い例が鹿児島市にある。

鹿児島市内中心部にある繁華街「天文館通り」の近くに、フランシスコ・ザビエル渡来を記念した教会と公園がある。

イエズス会の宣教師フランシスコ・ザビエル（Francisco de Xavier）は天文十八年（一五四九）に薩摩半島の坊津《ぼうのつ》に上陸し、そこから鹿児島に入って、許可を得て百五十人余りに洗礼をほどこした。これが日本最初のキリスト教布教であり、それを記念して、明治末期に市内にザビエル上陸記念堂が建てられた。その建物が戦災で消失したのを、ザビエル渡来四百周年にあたる昭和二十四年に再建したのが、現在のザビエル記念教会である。

この教会が再建された時に、向かいにある公園にザビエルの胸像とアーチが作られた。そのことがアーチの右側の扉に書かれているのだが、そこには「フランシスコザビエ《（マヽ）》聖師滞麑記念」とあって、ザビエルが滞在した場所が「麑」という漢字で表されている。

ザビエル記念のアーチ

文脈から考えると、この「麑」という漢字が「鹿児島」という意味で使われていることはまちがいない。そして実際にこの漢字は、つい最近まで「鹿児島」という意味で使われていた。というのは、鹿児島でお目にかかった年配の方が、だれかが鹿児島に来ることをかつては「来麑《らいげい》」と表現したと教えてくださったからで、ただそのいい方はすでに使われず、今は「来鹿」というのが一般的とのことだった。それとは別に、この漢字を社名に使った自動車教習所がテレビでよくCMを流していたので、そのCMでこの漢字を覚えたという人も多いそうだ。

唐獅子、子鹿

この「麑」は、本来はある動物を表す漢字だった。

古代中国の百科事典で、儒学の経典ともされた『爾《じ》雅《が》』という書物に、「狻麑《さんげい》」という動物が登場する。

これは非常に貪欲で虎や豹まで食べるという獰猛《どうもう》な動物で、後世の日本で描かれる「唐獅子」のモデルにもなったとされる。

この「麑」はまた、《鹿》と《兒》(=児の旧字体)に分解されることから、「子鹿」とも解釈された。『論語』(郷党)に孔子が着用した種々の衣服について述べる部分があり、「緇《し》衣《い》には羔裘《こうきゅう》、素衣には麑裘《げいきゅう》、黄衣には狐裘」と記す。寒くなれば孔子は、黒服では上に黒羊の「裘」(皮ごろも)を、白服の時は上に白い小鹿の皮ごろもを、そして黄色の服では上に狐の皮ごろもを着たという意味で、外と内側の衣服の色を合わせたようだが、ここでの「麑」は子鹿という意味に用いられている。

以上をまとめれば、「麑」は音読みでゲイと読み、「唐獅子」に比定される獰猛な動物、または子鹿を意味する漢字として、中国で古く使われているということになる。しかしザビエル教会の門柱で、これが「鹿児島」という地名を示す漢字として使われているのは、この漢字が《鹿》と《児》(本来の字形は兒)を組みあわせた形になっているからにちがいない。

出張から「帰阪」して調べてみると、鹿児島のことを「麑」という字で表した例は非常に古く、『続日本紀』の天平宝字八年(七六四)十二月の条に、是ノ月、西方ニ声有リ、雷ニ似テ雷ニ非ズ、時ニ大隅薩摩両国ノ堺ニ当リテ、烟雲晦《えんうんかい》冥《めい》シテ奔雷去来ス。七日ノ後スナハチ天晴レ、麑嶋信尓《かごしましなに》村ノ海ニ於イテ、沙石自ラ聚《あつま》リテ、化シテ三嶋ト成ル。（以下略）

と記されている。

鹿児島という地名は、一説によれば船頭・漁夫をいう古語「カコ」に由来し、またシマとは「一定の地域」という意味だとされる。そしてこの名称が文献に登場する『続日本紀』では、「カコ」の「シマ」という地名を表す漢字として「麑」という字を選択した。そこではその文字本来の意味は意識されず、単に字形を構成するふたつの要素の字音を表音的に採用しただけだった。ここに日本人が中国から導入した漢字を、日本語の表記に適するように工夫して使ってきた、非常にユニークな例を見いだすことができる。

③首里城の額に見える「壖」——那覇

〔附記〕本書執筆中の令和元年秋に、沖縄県那覇市にある「首里城」で大規模な火災が発生し、宮殿建築の大部分が焼失した。首里城は十五世紀半ばから四百五十年間存在した琉球王国の政治や外交の中心地であり、本来の宮殿は太平洋戦争末期の沖縄戦で焼失してしまったが、それが本土復帰後の一九九二年に復元された。そこには中国と日本の高度な文化が融合的に凝縮されており、その精密な研究に基づいて復元された宮殿は、琉球王朝の文化を今に伝える沖縄の人々が心から誇りとするものであった。

戦争と火災による宮殿の焼失は、すべての日本人にとって無念としかいいようのない悲しい事態であったが、国や自治体が迅速に対応し、さらに多くの民間人たちも一日も早い復旧をめざして、いま真摯な努力を続けている。

沖縄の人々の誇りが再び輝く日の到来を切望するしだいである。

平成二十九年の暮れもかなり押しつまったころ、世間の多忙を尻目に、家内とともに沖縄旅行に行ってきた。家内も仕事をリタイアしたので、こんなことができるようになったのだが、年末だからガラガラにすいているだろう、とのあまい予測は大はずれだった。たしかに日本人観光客はそんなにいなかったが、中国と韓国からの観光客がたくさんきており、考えて見れば、旧暦の正月を祝う韓国や中国では「年末」ではなく、それにもともと沖縄は京都や東京よりはるかに近いから、その地域からの旅行者が多いのも当然であった。

レンタカーを借りて、最初に首里城にいった。ここはかつて中国（明から清）と日本（薩摩藩）の両方と外交関係をもっていた琉球国の中心地で、琉球王が居住し、王国内最大規模の城であったが、太平洋戦争末期の米軍との激しい戦争で宮殿が全焼し、わずかに城壁や建物の基礎などを残すのみとなった。

その後のアメリカ占領統治時代には琉球大学のキャンパスに使われていたが、琉球大学が北東にある西原町に移転したあとに、かつての宮殿が復元された。復元された首里城跡は二〇〇〇年に世界遺産に登録され、いまでは沖縄のシンボルである守礼門の北に壮大な規模で宮殿がそびえ立ち、内外からの多数の見学者を集めている。

扁額

かつて琉球大学を訪れたことはあったが、復元された首里城の見学ははじめてだった。ただ私はこれまで中国や韓国でいくつかの宮殿遺跡を見学したことがあるので、世界屈指の宮殿である北京の故宮とは比べものにならないが、しかしそれでも地方に残る小さな宮殿遺跡と比べれば、首里城はそれほど引けを取るものではないとの印象をもった。

那覇市を見下ろす小高い丘の上で城壁に囲まれた首里城は、正殿をはじめとする城内の各施設の随所に中国式建築の影響が見うけられた。華麗な建築に目を奪われていると、正殿二階にある玉座の頭上に、大きな額が三枚掲げられているのが目に入った。かつてこの部屋は「御書楼」と呼ばれていて、もともとは九枚の扁額があったとのことだが、いまは三枚だけが復元されていて、そこに見事な筆致で、

中山世土　中山《ちゅうざん》（国名）は代々続く領土である
輯瑞球陽　珍しい石（印章の素材）を球陽（琉球の美称）にて集める
永祚瀛壖　永く瀛壖《えいぜん》に祚《そ》たれ（瀛は海、祚は天子の地位）

と書かれていた。

本来の額は戦争で焼けており、これは文献の記述に基づいて復元したものとのことで、琉球歴史研究家の上里隆史氏によるブログ「目からウロコの琉球・沖縄史」（http://okinawa-rekishi.cocolog-nifty.com/tora/2007/04/post_6b10.html）によれば、復元に際しては、担当

者が清朝の極盛期を現出した康熙《こうき》・雍正《ようせい》・乾隆《けんりゅう》帝の筆跡を詳細に研究し、その筆致を復元したとのことだった。

清朝の極盛期を現出した皇帝の真筆は北京の故宮などにたくさん残っているが、この扁額の文字もそれに劣らない、なかなか見事な額だと思いながら見ていて、三枚目にある「壖」という漢字がどういう意味かわからなかったので、近くにおられたボランティアガイドさんに聞いてみた。

初老の男性ガイドさんが問いに答えて、この額には「いつまでもこの土地に王様として君臨せよ」という意味の文章が書かれていると教えてくださったが、なぜそういう意味になるのかについてたずねると、「それはわからない」とのことだった。

ガイドさんはそれでいいのかもしれないが、漢字研究者である私は「わからない」では困る。しかし旅先のことだから、調べる手段がまったくない。それで私はとりあえず、「壖」という漢字について、大まかな意味の推測からとりかかった。

「需」の意味

「壖」という漢字を見たのはこの時がはじめてだったが、それでも大まかな意味はだいたい見当がついた。というのは、この漢字は右側にある《需》という部分で発音を表している形声文字にちがいなく、これと同じように《需》で発音を表す「濡」や「蠕」、「孺」、「儒」などの漢字群には、共通して「ヌルヌルした」とか「ジクジクした」という意味があると考えられる。

ある音符（発音を示す要素）で字音を表される一群の形声文字には、時としてそこに共通の意味を想定できる場合があって、このような考え方を「右文説《ゆうぶんせつ》」という。その代表的な例として、《戔《サン》》を音符とする形声文字「淺」「錢」「賤」「綫」「箋」「牋」などには「小さい」という意味が想定されることは、漢字研究での常識である。

そしてこの「右文説」は《需》を音符とする形声文字系列にも適用され、具体的には「濡」とは水でぬれてヌルヌルすること、「蠕」はミミズなどがニュルニュルとうごめくこと（だから「蠕動《ぜんどう》運動」という）、「孺」は乳飲み子、つまりまだ骨格が固まっていないホニャホニャの子どものこと、そして「儒」は孔子を中心とする教育集団のことだが、それはもともと「ささいなことにまでゴチャゴチャいう奴ら」という批判的な意味をこめて、外側からあたえられた悪口と考えられる。そう考えると、この「壖」という漢字も「ジクジク・ヌルヌルした土地」という意味ではないかと推測された。

そのまま沖縄各地を楽しく旅行して、帰宅してから気になっていた漢字を調べてみた。しかし「壖」は、日本で刊行されている一般的な漢和辞典には載っていない、珍しい漢字だった。それで俄然ファイトを出して調査に取り組み、中国から出ている大きな辞書をいくつか調べたら、「壖」とは「海や川べりにある空き地」のことだと書かれていた。まわりを水で囲まれている土地はジクジク・ヌルヌルしているので、私の想像はだいたいあたっていた。

さてこの「壖」は、首里城の扁額に書かれた「永祚瀛壖」という文章ではもちろん四方を海に囲まれた沖縄のことを指している。すなわち「永祚瀛壖」とある文章は「永く瀛壖《えいぜん》に祚《そ》たれ」と訓読し、琉球王よ、お前は「瀛壖」すなわち海に囲まれたこの小さく湿った空き地にいつまでも王でいなさい、という意味を表しているわけで、大きな大きな国の皇帝さまが、海のなかにぽつんとあるちっぽけな島にある王国を見下した、思えばずいぶん失礼な「お墨付き」なのであった。中華思想といえばそれまでだが、それにしてもずいぶん傲慢な態度で書かれた文章である。

首里城の宮殿のなかには非常にたくさんの中国人観光客がいたが、ほとんどの人はこの額に見向きもしなかった。彼らは母国で壮大な宮殿に掲げられる、見事な文字で書かれた額を見慣れているし、「壖」という難しい漢字が使われていたことも、彼らが興味をもたなかった理由の一つかもしれない。しかしもしもガイドさんがこの意味を理解し、そしてさらに観光客に対して中国語でこの額の意味を説明したとしても、彼らは先祖の傲慢さなどには気づかず、ほとんどの人がなんの違和感も持たなかったにちがいない。

④「雪の大穀」ってなんのこと？——立山

標高二四五〇メートルの高地にある富山県の室堂平《むろどうだいら》は世界屈指の豪雪地帯で、なかでも雪の吹きだまりになる「大谷」では、厳寒期には積雪がなんと二十メートルを超えることもあるという。そんな山に遅い春がようやく芽ばえだすころ、雪におおわれた谷間で、五百五十馬力のパワーをもつ除雪車「立山熊太郎」が一ヵ月ほどかけて除雪して道を通すと、両側には見あげるような巨大な雪の壁「雪の大谷」ができあがる。

この雪の壁のあいだを歩く「立山雪の大谷ウォーク」は、長野県の白馬から「黒四ダム」を通って富山県の立山に向かう「立山黒部アルペンルート」のなかでも、時期限定の超人気スポットで、厳しい自然と気候をものともせず、毎年大量の観光客が押しかける。とかく申す私も先日機会があって、かねてより念願だった「立山黒部アルペンルート」の旅を楽しんだ。

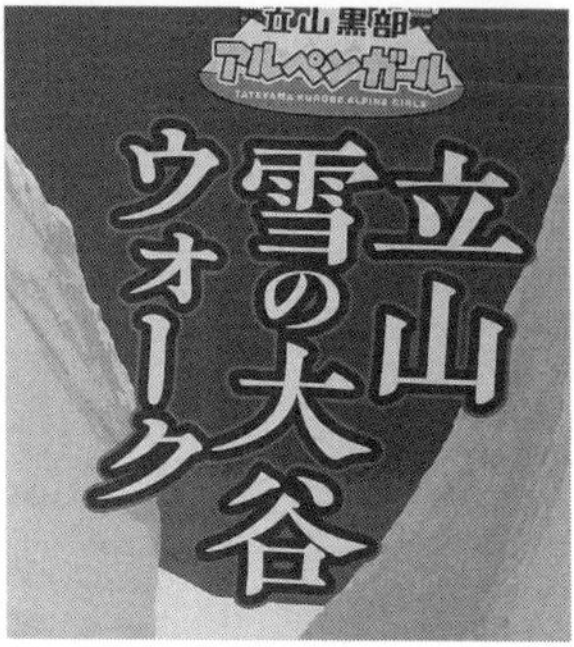

雪の大谷ウォーク

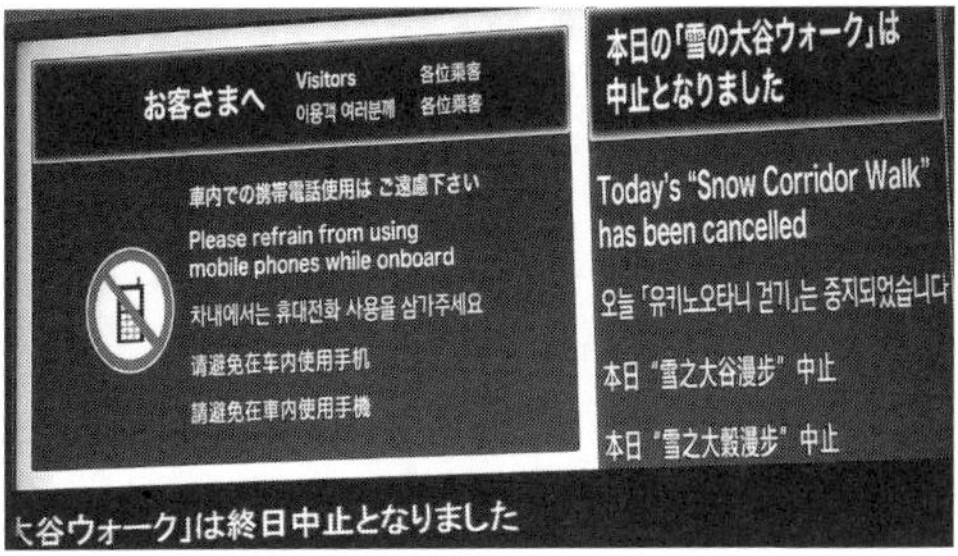
お客さまへ
Visitors
이용객 여러분께
各位乘客
各位乘客
車内での携帯電話使用は ご遠慮下さい
Please refrain from using mobile phones while onboard
차내에서는 휴대전화 사용을 삼가주세요
请避免在车内使用手机
請避免在車內使用手機
本日の「雪の大谷ウォーク」は中止となりました
Today's "Snow Corridor Walk" has been cancelled
오늘 「유키노오타니 걷기」는 중지되었습니다
本日 "雪之大谷漫步" 中止
本日 "雪之大穀漫步" 中止
谷ウォーク」は終日中止となりました
中止を知らせる電光掲示板

長野県側の起点となる扇沢からバスに乗ると、二十分ほどで壮大な黒四ダムに着く。私が参加したツアーでは、このあたりまで時折青空がのぞき、北アルプスもかいま見えていた。この天気なら「雪の大谷」でも雪壁のなかを歩けるかと期待していたが、ケーブルカーとロープウェイを乗り継いで室堂平まで来ると、五月中旬というのに気温は氷点下二度、あたりは一歩外に出るのもためらわれるほどの吹雪だった。

野外は一面真っ白で、数メートル先も見えない。こんな時は危険だから、もちろん「雪の大谷」散策コースは開放されず、あちらこちらに「本日の大谷ウォークは中止である」旨の掲示が出されていた。観光客はがっかりだが、相手が自然であるだけに文句も言えない。それでもロッジのまわりには少しだけ歩けるところがあり、そちらからは中国語や韓国語がまじった歓声が聞こえていた。

外国人が日本を訪れる旅行のことを観光業界では「インバウンド」(inbound)というそうだが、最近の日本はいたるところこのインバウンドでにぎわっており、立山黒部アルペンルートももちろん例外ではなかった。そんな状況だから、当日の「雪の大谷ウォーク」が中止になったことを示す掲示にも、日本語のほか英語と韓国語、中国語が書かれており、中国語には簡体字と繁体字（旧字体）の二タイプがあった。

前ページに掲げたのがその写真だが、ここで繁体字版中国語（右側最下行）に「本日〝雪之大穀漫歩〟中止」と書かれているのを見て、私は心底驚いた。すぐ上にある中国語版掲示では正しく「雪之大谷」と書かれているが、旧字体版で「大穀」となっているのは単純なまちがいではなく、じつはここに漢字簡略化をめぐる、非常にやっかいな問題がひそんでいるのである。

「機」と「机」――同音代替による簡体字

いまの中国では漢字の構造を簡略化した「簡体字」が使われていることは、ニュースの映像などを通じて、日本でもよく知られている通りである。この簡体字にはたとえば「張」を「张」、「時」を「时」、「論」を「论」とするなど、字形そのものをくずしたものがたくさんあるが、それ以外に、画数が多くて難しい漢字を、それと同じ発音で、ずっと簡単に書ける別の漢字に置き換えてしまうという方法がある。

たとえば「機」と「机」は、意味がまったくことなる別々の漢字だが、発音は同じで、どちらもチー（ji）と読む。それでいまの中国語では「機」のような複雑な漢字を使わず、それと同じ発音でもっと簡単に書ける「机」を代わりに使うこととし、飛行機（飛機）を「飞机」と、携帯電話（手機）を「手机」と書くこととした。

携帯電話についてはたまたまさきほどの写真でも、左側の「車内での携帯電話使用はご遠慮ください」という注意事項が、簡体字で「请避免在车内使用手机」と書かれ、繁体字（旧字体）で「請避免在車内使用手機」と書かれている通りだが、この「手机」という単語に使われている「机」は「つくえ」という意味ではなく、じつは「機」の簡体字として使われている。このように、複雑な形の漢字を同音の簡単な漢字に置き換える方法を「同音代替」という。

「機」は難しいから簡単な「机」で済ませてしまうというのは、日本人から見ればまことに大胆な発想である。そんなことをして中国人は読みまちがったり混乱したりしないのか、とつい心配したくもなるが、「手機」でも「手机」でも声に出して読めば同じ発音になるから、実際に意味を取りちがえることはない。それは、かつての日本語で「車輛」とか「交叉点」とか「訣別」とか「毀損」と書かれた単語が、いま「車両」とか「交差点」とか「決別」とか「棄損」と書かれ、それでも私たちが意味をまちがえないのと、じつはまったく同じことなのである。

さて「機」を「机」で代用したのと同じように、今の中国語では、むずかしくて複雑な構造をもっている「穀」を、もっと簡単に書ける「谷」で置き換えることとした。つまり「谷」が「穀」の簡体字とされているわけだ。

「穀」と「谷」は中国語でまったく同音であり、だから日本語でもどちらも音読みがコクとなるのだが、「穀」という漢字は農民には非常に縁が深い、重要な漢字である。だが革命前の中国では、農民の大多数は漢字の読み書きがほとんどできない非識字者だった。

「五谷豊登」

中華人民共和国になってから推進された「文字改革」は、そんな社会の底辺に暮らし、教育を受ける機会をまったくあたえられなかった農民や労働者に対して漢字を開放し、彼らが漢字を読み書きできるようにするための革命事業であった。このような事業では、農民と縁が深い「穀」という漢字はかならず簡単にする必要がある。それで「穀物」を、ずっと簡単な「谷物」という漢字で書くようにした、というしだいである。

しかし、とやはり日本人は考える。山が海にせまっている日本ではどこにでも谷間があり、東京の「渋谷」や「四谷」、あるいは大阪の「谷町」のように、大都会のど真ん中にも谷間がある。そんな生活に関係が深い漢字である「谷」が、「穀物」という意味で使われたりしたら、大きな混乱が起こるのではないだろうか……。

しかしこれについても、「穀物」でも「谷物」でも声に出して読めば同じ発音だから、耳で聞いて意味を取りちがえることがなく、心配はいらないのである。

そして現実に、中国では「穀」の簡体字として「谷」がかなり早い時期から使われていた。

「五谷豊登」（明憲宗行楽図）

ここに掲げた絵は、著名な作家である沈従文氏が著した『中国古代服飾研究』（商務印書館）に載せる明代の絵巻物「明憲宗行楽図」に登場する人物で、旧暦正月十五日（新年最初の満月）の夜におこなわれる民間行事を、宮中の宦官《かんがん》たちが扮装して、成化帝《せいか》（在位一四六四～八七年）に見せているところが描かれているのだが、この人物がもっている旗に「五谷豊登」とある。これは正しくは穀物の豊作を祈願する「五穀豊登」ということばなのだが、ここでは「五穀」が「五谷」と書かれている。つまり「谷」を「穀」の簡体字として使うのは、いまから五百年以上も前の明の時代からおこなわれていたことが、この絵巻からわかる。

雪の大谷ウォークが中止になったことを知らせる繁体字版の掲示で「大谷」が「大穀」と書かれているのは、いまの中国で「谷」が「穀」の簡体字として使われていることをふまえているにちがいない。しかし、この「大谷」は地名であって、この「谷」がコメとかムギのような穀物を表しているのでは絶対にない。アメリカで大活躍している二刀流の野球選手は「大谷」さんであって、「大穀」さんではない。

中国大陸の「繁体字ブーム」

ではこんなまちがった掲示を、いったいだれが書いたのだろうか？

いうまでもなく、日本人なら「谷」と「穀」を絶対に混同しない。またいまもずっと旧字体を使い続けている香港や台湾などに暮らす人も「谷」と「穀」をちがう漢字と認識し、正しく使い分けるから、両者を混同することは絶対にありえない。とすれば、これを書いたのはおそらく中国大陸からやってきた中国人だろうと考えられる。

複雑な漢字を簡単に書けるようにする政策は一九五〇年代末期の「文字改革」にはじまり、それからすでに六十年以上の時間が経った。文字改革からあとの中国で学校教育を受けた人は、幼少期からずっと、学校の教科書でも一般の書物や雑誌でも、あるいは街中で目にする看板や掲示でも、ほとんどすべて簡体字で書かれたものだけを見て育っているから、古典や書道などを専門的に研究する人以外は、革命前の中国で使われていた繁体字など見たことすらなかった。

ところが一九九〇年代に、時の最高指導者だった鄧小平《とうしょうへい》が改革開放路線を推進するにつれて、海外資本が積極的に導入され、その結果として、北京や上海・広州など大都会の繁華街に、香港や台湾、日本、あるいはカナダやシンガポールなど西側資本が経営するおしゃれなレストランや、きらびやかなショッピングモールなどが続々と開店した。

香港や台湾からの出資者や在外華僑、あるいは日本や欧米企業の経営者はもともと簡体字と無縁だったから、これらの施設の華麗な外観や内装ではいたるところに繁体字（旧字体）が使われている。そしてそんな店が大人気を博し、繁盛して多くの人が出入りするようになると、若者や富裕層たちの目にはそこで使われている旧字体が、「かっこいい、クールな漢字」と感じられるようになった。

こうして中国大陸のいたるところに「繁体字ブーム」がおこった。さらにパソコンやスマホなどの情報機器で漢字を書くようになると、覚えにくく複雑な繁体字の字形も、読み方を入力するだけで機械が正しく書いてくれるものだから、繁体字を使うことにほとんど抵抗を感じなくなった。

そんな時代に、だれか（おそらく若者）が、学校の教科書や政府が発行する新聞などで「谷物」と書かれていた「こくもつ」が、繁体字では「穀物」と書かれるということを知った。そのことは決してまちがいではないのだが、しかし多くの中国の若者は、それまで「穀」という形の漢字を見たことがなかったので、単純に「穀」は「谷」の旧字体だと思いこんでしまった、というわけだ。

日本人には信じがたいことだが、革命中国の学校では「谷」と「穀」はまったく別の漢字であると教えられることなどまずなかった。そもそも教科書に「穀」という漢字が出てこないのである。

そんな教育をうけた中国人が日本にやってきて、なにかのいきさつで「雪の大谷ウォーク中止」の掲示を中国語に翻訳することになったとき、大谷の「谷」が「たにま」という意味であることすら理解できず、『谷』は繁体字では『穀』と書く」と単純かつ安易に考えて、地名の「大谷」を「大穀」と表記した。その結果が「雪之大穀漫歩中止」という掲示となった、と私は推測する。

この「大穀」の掲示は、漢字の本家である中国に、いまとんでもない現象が起こりつつあることを告げる、驚くべき実例なのである。

⑤「温故知新」は、なぜ「温める」のか――祇園

東京なら神楽坂や柳橋、京都なら祇園のように、「きれいどころ」たちがお座敷で歌舞音曲などを披露する世界を「花柳界」というが、これはもともと中国で生まれたことばだった。唐の李白《りはく》に「流夜郎贈辛判官」（夜郎に流されて辛判官に贈る）という詩があり、その冒頭に「昔在長安酔花柳、五侯七貴同杯酒」（昔 長安に在りて花柳に酔い、五侯七貴〔身分の高い人たち〕杯酒を同じくす）と詠う。李白はある事件に連座して、夜郎（現在の貴州省北部）という辺境へ流罪とされた。この詩は流刑地に向かう途上の李白が、かつて長安で「五侯七貴」（身分の高い人たち）と華やかな街で遊興にふけった思い出をなつかしんだものである。

ここに「花柳」ということばが見える。中国では街の並木によく柳が植えられ、花街の並木にも柳が多く植えられた。そこから花街のことを「柳巷花街」といい、これが日本語に入って「花柳界」といわれるようになった。

いっぽう日本の花柳界を代表する祇園では、多くの人が行き交う四条通り一帯には柳はないが、通りを北にこえた「新橋」とよばれるあたりでは、風情のある街並みにうまく柳がとけこんでいる。

温習会のポスター

いわゆる祇園のお茶屋街は、その四条通から南へ、建仁寺の方に向かう花見小路を中心に広がっており、その界隈では秋になるとあちらこちらに「温習会」の開催を知らせるポスターを見かけるようになる。

「温習」は「おさらいする」という意味で、舞妓さんや芸妓さんたちが日ごろの稽古の成果をこの「温習会」で披露する。

祇園（正確には祇園甲部）の舞妓・芸妓は「京舞」井上流の稽古にはげんだ成果を、春は「都をどり」、秋は「温習会」の場で披露する。毎年春におこなわれる「都をどり」の公式ウェブサイトでは「『温習会』は、京都最大の花街・祇園甲部の芸妓・舞妓が芸事の成果を披露する秋の公演です。祇園甲部では、芸妓・舞妓の全員が八坂女紅場学園の生徒として、日々お稽古に精進を重ねています。温習会は、そうした日頃の研鑽の成果を披露し、各師匠や諸先輩をはじめご贔屓筋から評価をいただくための『おさらい会』が始まりでした。今では広く一般のお客さまにご観覧いただく恒例行事となり、京都の秋の風物詩として親しまれています」と記されている。

「温」はなぜ「たずねる」なのか

さてここから漢字ネタである。

この「温習」ということばは、このままの形では中国の古典文献に見えないが、はじめの「温」は『論語』（為政）にある有名な「子曰、温故而知新、可以為師矣」（故《ふる》きを温ねて新しきを知れば、以て師と為るべし）に基づいている。学校でこの文章を習った方も多いだろうが、大意は「むかしからの教えを思いだして大切にし、そこに新しい知識をつけくわえることができれば、人を教える師範となることができる」ということで、ここから「温故知新」という四字熟語ができた。

この「温故」は、伝統的に「故きを温《たず》ねて」と読むことになっている。しかし「温」は

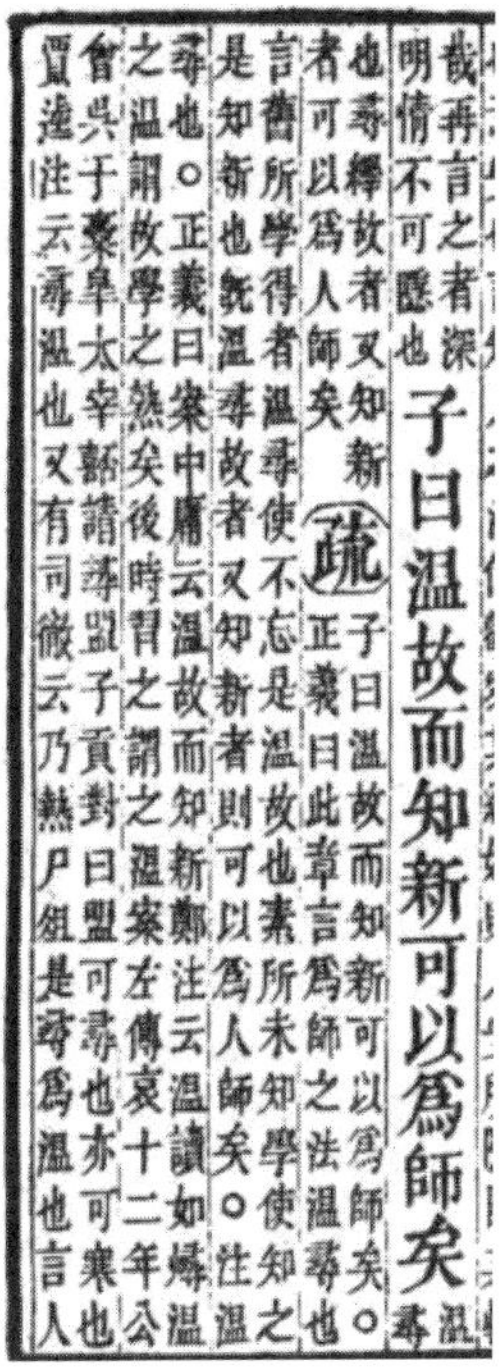
截再言之者深明情不可懸也子曰温故而知新可以爲師矣尋温
也尋繹故者又知新者可以爲人師矣疏子曰温故而知新可以爲師矣○正義曰此章言爲師之法温尋也
言舊所學得者温尋使不忘是温故也素所未知學使知之是知新也既温尋故者又知新者則可以爲人師矣○注温
尋也○正義曰案中庸云温故而知新鄭注云温讀如燖温之温謂故學之熟矣後時習之謂之温案左傳哀十二年公
會呉于橐皐太宰嚭請尋盟子貢對曰盟可尋也亦可寒也賈逵注云尋温也又有司徹云乃爇尸俎是尋爲温也言人

『論語集解』

「あたたかい」とか「あたためる」という意味で、「たずねる」という意味で使うことは「温故」以外にはない。ではいったいなぜ「温」を「たずねる」と読むのだろうか？　それは、じつは『論語』で標準的とされる注釈に、そう読みなさいと書かれているからなのである。

中国の古典にはそれぞれ基準となる注釈が決まっていて、『論語』では魏《ぎ》の時代に何晏《かあん》（二四九年没）が作った『論語集解《ろんごしっかい》』がそれにあたる。

前ページの図版で大きな字で書かれているのが『論語』の本文、それに続いて「疏」とある部分まで、小さな字二行で書かれているのが何晏の注釈である。漢文はもともと句読点がまったくついていないので読みにくいが、そこに「温は、尋ねるなり、故《ふる》き者を尋繹《じんえき》（たずねきわめる）し、また新しき者を知れば、以て人の師となるべし」とある。この記述から日本では「温故」を「故きをたずねて」と訓読しているのだが、しかし「温」にもともと「たずねる」という意味があったかどうかは、調べてみないとわからない。

川を表す名前

さて「温」（旧字体では「溫」）という漢字にはサンズイヘンがついているが、そもそもこの漢字にサンズイヘンがついているのは、いったいなぜなのだろう？　それは、「温」はもともとある川の名前を表すために作られた漢字だったからで、中国最古の字典『説文解字』によれば、いまの貴州省から江西壮族自治区にかけて流れ、そこで黔江《けんこう》に合流する「温水」という川があって、「温」はその川を表すために作られた漢字だった（ただし現在は、温水という名前は使われていない）。

この「温」の旧字体で右側にある《𥁕》は、《皿》と《囚》を組みあわせた形で、そこから『説文解字』はこの部分を「囚人に食べさせる料理」と解釈している。しかしそれは近代の多くの学者が否定するところで、たとえば近年の文字学者林義光《りんぎこう》（一九三二年没）が著した『文源』に「気　皿の中より上に騰《あ》がる形にかたどる」とあるように、《囚》の部分は加熱された容器の中に湯気がいきわたっているさまを表していると考えられる。つまり《𥁕》は「冷めてしまった食品を温めなおす」という意味で、『説文解字』の注釈を書いた段玉裁《だんぎょくさい》はこの字について「微火をもって肉を温める也」（とろ火で肉をあたためる）と解釈する。そしてここから意味が拡張されて、本来は川の名前であった「温」がやがて「あたためる」という意味で使われるようになったというわけだ。

いまは電子レンジがあれば、冷めた料理でも簡単に温めることができるが、そんな便利な道具ができる前でも、冷めた料理をあらかじめ決められた手順にきちんとしたがって温めれば、ふたたびおいしく食べることができた。そしてそれは料理だけでなく、日々に精進を重ねている学問や技芸の習得においても同じことで、以前に学んで身につけた基礎を思いだし、それを一定の手順にしたがって「温＝たずねて」おさらいし、より一層の努力を重ねることで、さらに高度な境地に到達できるようになる、それが学問や芸術での「温習」ということだった。ちなみに「習」に《羽》がついているのは、ひな鳥が羽を動かして空を飛ぶ稽古をするからで、習とはお手本のまねをして、技術に上達することを意味していた。

京都の花街ではいまも伝統的な教えにしたがって、「きれいどころ」たちが日ごろの学びを「温習」する会が開かれている。

欧米から導入された近代文明が激しいスピードで展開される時代に、それはまことに人を「ほっこり」させてくれるイベントである。

⑥餃子はめでたい食品――北京

街中にジングルベルが流れだすころ、とある仕事で中国に行ってきた。中国では新年の到来を旧暦で祝い、「春節」と呼ばれるその正月はだいたい一月末から二月中旬にかけてくるため、十二月に入ったばかりの季節では、大都会の繁華街でも歳末気分がまったく感じられない。

それでも久しぶりに北京で会った友人は、日本留学の経験があるから、「そろそろ銀座や新宿あたりはクリスマスツリーの飾りつけがきれいでしょうねぇ」となつかしんでいた。五年間に及ぶ日本での生活で、彼がもっとも楽しく感じたのは年末の忘年会やクリスマスパーティだそうで、あんなに毎日のように友人と酒を飲み、おいしいものを食べ歩く楽しい時間は中国にはない、と彼は日本の歳末をなつかしむ（中国の正月前後の賑わいもそれといい勝負だとは思うが）。

どこの国でも、年が改まる時にはお祝いとして、たくさんのご馳走がテーブルに並ぶ。日本ではいうまでもなくおせち料理と雑煮がその代表で、とくに餅は正月だけでなく、かつてはお祝いの場に必ず出てきた食品であった。

地方によっては、いまでも結婚の祝いに餅がふるまわれることがある。あるとき招かれた結婚式では、披露宴の最中に揃いの法被《はっぴ》を着た人が入ってきて、祝い歌を歌いながらにぎやかに餅つきが演じられた。つきあがった餅は紅白の祝い餅に加工されて、引き出物としてふるまわれる。なかなか粋な演出だったが、そこまで豪華なことをしないまでも、慶事のお披露目として、紅白の餅を近所に配る慣わしは、いまも多くのところでおこなわれている。

日本の餅のように、お祝い事に使われるめでたい食品は世界中どこにもあり、中国の黄河より北の地域では、餃子がそれにあたる。餃子は日本人にもっともなじまれている中華料理の一つで、そんなありふれた庶民的な料理が祝いの場で食べられる食品となるのは、日本人にはちょっと意外に思われるかもしれない。

餃子といえば「水餃子」

だが「餃子」については、じつは中国と日本で大きな差がある。

日本の中華料理店やラーメン屋では、ほとんどの店にサイドメニューとして「餃子」があるが、中国では、上海や南京など長江から南の地域、あるいは香港や台湾などで、外食で餃子を食べようと思うとちょっと苦労する。というのは、それらの地域の食堂には餃子がないのがふつうで、どうしても食べたければ、「北方水餃」という看板の出ている店をさがす必要がある。

そして首尾よくメニューに「餃子」を見つけたとしても、そこで出てくるものはわれわれがよく知っている焼き餃子ではない。あれは「鍋貼《グオティエ》」という別の料理で、中国で「餃子」といえば、弾力性のある厚い皮で包んだギョウザをゆでた「水餃子」のことである。

餃子は特に北方で「春節」を迎える時には欠かせない食品で、現在でも北京の人は年末には一家総出で、ほんとうに山のように餃子を包む。北京の冬は、もっとも厳しいころでは最高気温でも氷点下なので、大量に作った餃子をラップなどで包んで、「天然のフリーザー」になるベランダに置いておけば、そのまま長く保存でき、ほとんど一冬中食べられる。

「餃子はどうだい？」

この「餃」という漢字が文献に現れるのは宋代からで、一〇三九年にできた『集韻《しゅういん》』という発音引き字典では「餃」の意味を「飴なり」と記すが、この「飴」はアメではなく、どうやら白玉団子かワンタンのような食品だったらしい。

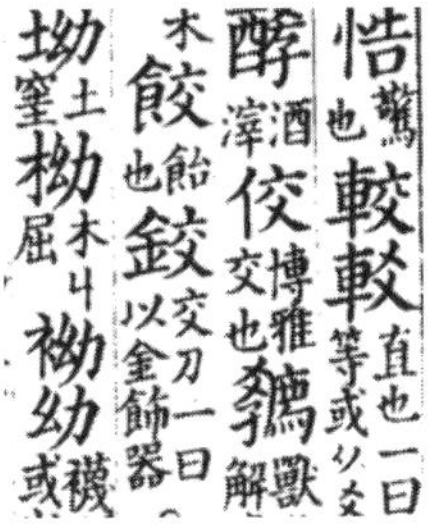
悎驚也較軗直也一曰等或从交
酵酒滓佼博雅交也解
木餃飴也鉸交刀一曰以金飾器
坳土窒柪木屈幼

「餃」（『集韻』）

ちなみに『集韻』ではこの漢字の発音について、反切《はんせつ》という方法で「居效切」と記しており、それを日本語の音読みにすると「コウ」または「キョウ」となるはずだが、それを「ギョウ」と読むのは、山東省の方言が日本に定着した結果だといわれている。ただし食品としてはすでに五～六世紀ぐらいからあったようで、古くは動物の角のような形に包まれたことから「粉角」とか「角子」とか呼ばれた。それが後に、「角」と同じ発音の《交》に《食》ヘンをつけて、「餃」という漢字が作られたという次第である。

学生時代に受講した中国人先生から聞いた話では、餃子はめでたい食品だから、他家に嫁いだ娘が新郎とともにはじめて里帰りしてきた時の食事に餃子が用意された。ただしその時にはわざと生煮えにしておき、新婚夫婦にむかって「餃子はどうだい？」と尋ねると、夫婦は「生《なま》です」と答える。

しかしこれにはじつは裏があって、「餃子」は「交子」、つまり子どもを授けるという表現と同じ発音になり、そして夫婦が答えさせられる「生」という返事は、餃子が生煮えであるという意味と別に、もちろん「うむ」という意味にもなる。

つまり餃子が生煮えであるとの答えが、じつは子どもを生みますよ、という「決意表明」にもなっているわけだ。一つの漢字に複数の意味があるという漢字の特性をたくみに利用しているわけで、さすがは文字の国だと思わせるウイットが感じられる。

⑦閖——復興のシンボル「閖上さいかい市場」

毎年三月中旬のいまわしい日が近づくと、私はある一つの漢字を思いだして、胸が締めつけられる思いがする。

平成二十三年三月十一日に、東北地方を中心に未曾有の大災害が襲った。M9・0という激震と、その後にやってきた想像を絶する大津波、加えて世界最悪レベルの原発事故。あれからもうずいぶんの時間が経ったが、原発事故の処理と廃炉へのプロセスは遅々として進まず、東北被災地の復興はまだまだ厳しい状況にある。

災害で肉親を失われた方や、被災された方々にはまったく申しあげることばもない。一日も早い復興をお祈り申しあげます。

あの大震災の日、私はたまたま出張で韓国の釜山にいたが、地震直後に家族から携帯電話にメールが届き、急いでホテルに帰ってテレビをつけると、NHKが想像を絶する甚大な被害状況を報じていた。その日の夜は韓国の先生方との食事会があったが、私は多くの方から家族・友人の安否をたずねられ、話は地震と津波のことばかりだった。食事会が開かれた店のロビーにはテレビがあったが、多くの人が隣国で起こった災害を伝えるニュースを沈痛な面持ちで見ており、日本に暮らしている親類や知人のことを気遣っておられた。

それから三日ほどして帰国し、連日見るニュースのなかに、私には胸を締めつけられる漢字がひとつあった。それは「閖」という漢字である。

仙台藩藩主が作った漢字

仙台市の南に位置し、仙台空港がある名取市の東部で、太平洋に面したところに「ゆりあげ」という名前の地域があって、漢字では「閖上」と書く。「閖」はここと石巻市の一部地域以外では使われない、非常に珍しい漢字だが、この漢字にまつわる由来はちょっと面白く、その字が作られた経緯について、名取市のホームページに掲載された「なとり一〇〇選」には次のように書かれている。

閖上の「閖」という文字は珍しく、辞書にもほとんど掲載されていません。この漢字が生まれたのは、仙台藩四代藩主・伊達綱村《つなむら》に由来があります。綱村公は、大年寺山門からはるか東のゆり上浜を望み、こう言いました。「門の中に水が見えたので、門の中に水という文字を書いて『閖上』と呼ぶように」。ゆり上の「ゆり」の文字が「淘」から、この「閖」にあてられたと言われています。従来の漢字にはない日本で作られた文字（国字）です。

https://www.city.natori.miyagi.jp/natori100/019.htm

殿様のきまぐれといえば失礼だが、まことにお気楽な話だといわざるをえない。山上にある寺の門のなかから水が見えるところなど、ここだけに限らず、日本全国いたるところにあるにちがいないが、この殿様のデンでいけば、そこはすべて「閖」という字で表されることになるはずだ。

しかしおそれ多くも殿様から漢字を頂戴した住民にとっては「まことにありがたき幸せ」で、「閖」はこうしてこの海岸を意味する地名として使われることとなった。もともとはその地域だけで使われる漢字にすぎなかったのだが、やがて時代が明治になり、戸籍法が制定されて全国に戸籍が作られた時に、この「閖」は全国で必要な漢字となった。

たとえばこの地域に暮らしていたAさんが首都圏にある大学に進学すれば、Aさんが暮らすことになった地域の役所では、Aさんの転入届に「宮城県名取市閖上から転入」というように書くことになり、この段階で「閖」という漢字が宮城県名取市や石巻市以外の場所でも使われることになる。こうして「閖」が全国の役所で必要な漢字になったので、戸籍業務の電算化の必要からこの漢字が「JIS漢字」（第二水準）に収録された。試みにお手許のスマホやパソコンで「ゆりあげ」を変換すると、どんな機種でもたちどころに「閖上」と表示されるはずである。

閖上中学校

赤貝が名産の漁港

殿様の一時的な興趣から作られた漢字が、国家の漢字規格にまで取りこまれた事実に興味をもった私は、この漢字が実際に使われている状況を見るためだけに閖上に出かけたことがある。たしか平成十九年のことだった。

ＪＲ東北本線で仙台から電車で南へ十五分ほどいったところにある名取駅から、タクシーに乗った。閖上は魚がおいしく、特に赤貝が名産で、東京の寿司屋で出される上質の赤貝はほとんどここのものだ、というような話を運転手さんから聞きながらしばらく走ると、そこが閖上漁港だった。時刻は昼前、競りも出荷もすんだ漁港は静かで、まわりにはひなびた漁村がひろがっていた。

運転手さんに紹介してもらった寿司屋で、昼間から特産の赤貝をビールで堪能し、ふたたびタクシーで駅に戻る途中に「閖上中学校」があったので、ちょっと立ち寄ってもらった。ここで「閖」という漢字が書かれた校門や門札などを写真に撮っていると、運転手さんが不思議そうな顔で「この漢字って、そんなに珍しいかねぇ。私ら子どものころから見慣れているけどねぇ」とつぶやいたのが印象的だった。

駅まで戻る車内でも、最近近くに大型スーパーができたので、このあたりにもたくさんの人が来るようになったとか、赤貝がお好きだったら通販でも買えますよとか、話し好きの運転手さんがいろいろ楽しませてくれた。

その閖上が、想像を絶する津波によって壊滅的な被害を受けたというニュースを見た時、私は涙が止まらなかった。テレビに映る閖上漁港は目を疑うほどの膨大なガレキの山と化し、被災された方々が厳しい寒さのなかを着の身着のままで避難されていたのは、私が写真を撮らせていただいた閖上中学校の校舎だった。ニュースは同校の生徒さんが十四名も遭難されたとの痛ましいことを告げ、また学校の建物も甚大な被害を受けたけれども、多くの人の避難所として使われていると伝えていた。

閖上の赤貝

その閖上を、私は平成二十九年秋にようやく再訪することができた。閖上だけでなく、東北地方一帯にひろがる広大な被災地はまだまだ前途多難の様子だったが、それでも復興は着実に進められていると感じられたのが、なによりもうれしかった。

私が写真を撮らせていただき、大震災のときには避難所として使われた中学校をさがしたが見つからなかった。たまたま近くに土地の人がおられたのでうかがったところ、中学校は震災後近くに移転して、しばらく仮校舎で運営していたが、新しい場所に前よりはるかに大きな校舎が完成し、いまは名取市立閖上小中学校という小中一貫校として開校されているとのことだ。

現地の人々の台所であり、かつて日曜の朝に開かれていた朝市には首都圏からも買い物客がやってきたという魚市場は、漁港から場所を移して、仮設店舗ではあるものの、新鮮な魚や貝を販売する「閖上さいかい市場」として再開されていた。商店に並ぶ品揃えもかなり豊富で、おかげで私も久しぶりに閖上の赤貝などの海産物を味わうことができた。

珍しい漢字にひかれて訪れただけがご縁の街だったが、復興は着実に進んでいると感じられた。すばらしい街の一ファンとして、一日も早い完全な復興を心から願っている。

4　人名用漢字について

「子の名前」をめぐる争い

平成十六年（二〇〇四）二月のある日、自宅で調べ物をしていると電話がかかってきて、「こちら法務省民事局の◎◎という検事ですが」と名乗られた。法務省の検事さんからいきなり電話がかかってきたら、だれだってきっとびっくりするにちがいない。

折しも霞ヶ関の某官庁幹部のスキャンダルがマスコミをにぎわせていたころだった。もちろん私にはやましいことなどないのだが、それでも気持ちをしっかりと持ち直し、深呼吸のひとつもして、おもむろに用件を聞いてみると、このたび「人名用漢字」を見直すことになり、近くそのための委員会を設置するので、漢字の研究を仕事とされる貴殿にもぜひその議論に参加していただきたい、との依頼であった。あぁ、そんなことだったのかとホッとしながら、もちろん二つ返事で承諾させていただいた。

この時の人名用漢字の見直しは、札幌市に生まれたある男児の名前をめぐって裁判がおこなわれ、行政側が敗訴したのがきっかけだった。話は平成十五年にさかのぼる。札幌市のある区役所に、「曽良」という名前を記載した出生届が提出されたが、「曽」という漢字が当時は「子の名」に使えなかったので、不受理処分となった。それに対して子の親が不服申し立てをおこない、その裁判が家庭裁判所で原告勝訴となり、さらに高裁から最高裁までいき、最終的に同年十二月に最高裁から、「曽」が人名に使えないのは違法状態であるとの判決が出された。この判決を受けて、戸籍に関する業務を管轄する法務省民事局は、ほかにも同様の訴訟をかかえていたこともあって、専門委員会を設置して人名用漢字について抜本的な見直しをおこなうこととし、漢字を研究対象とする私にも電話をかけてこられた、というわけだった。

それからしばらく準備期間があって、日比谷公園の桜が満開になったころ、「法制審議会人名用漢字部会」の第一回会議が開催された。この委員会は、民法学者を委員長とし、法曹界や文化庁・経済産業省の関係官、新聞や放送業界のジャーナリスト、日本語と漢字の研究者と俳人、それに役所で戸籍事務の現場にいる実務者など、非常に広い領域にわたるメンバーで構成されていたが、被疑者や捜査対象などではなく、「委員」という資格で法務省の本庁に出入りできるのはおそらくこれが最初で最後だろうと思いつつ、半年のあいだこの会議でまことに貴重な経験をさせていただいた。

世界には戸籍制度を持たない国も数多くあるが、日本では新生児は生まれてから十四日以内（国外で出生した時は三ヵ月以内）に、最寄りの役所に出生届を出さねばならないと、戸籍法で定められている。そしてそれ以後、戸籍はその人の入学・転居・就職・結婚・離婚・出産・養子縁組・相続・渡航・各種免許の取得、さらには自動車や不動産の売買など、そして最後は死去にいたるまで、人生のあらゆる場面についてまわる。行政側から見ても、戸籍が正しく処理されていなければ、学校教育や納税、国政選挙、それに会社の設立や不動産登記など各種の経済活動が正常に機能しなくなる。だから生まれたばかりの赤ちゃんの名前に使う漢字の話であっても、最高裁の判決によって戸籍に関係する事項になんらかの不都合があると指摘されれば、行政機関としてはできるだけすみやかに解決しなければならない。

政府関係の審議会として、私はそれまでに文化庁が主催する国語審議会と文化審議会（国語分科会）、それに文部科学省が主催する中央教育審議会（教科別専門委員会国語部会）などに参加した経験をもっていたが、法務省が主催する会議はそれらとは勝手がちがい、とまどうこともしばしばあった。だがそれは非常に興味深く、やりがいのある仕事だった。

中国のキラキラネーム

欧米の、とくにキリスト教圏の国々では聖人の名前を子どものファーストネームとすることが多いようだが、中国や台湾・香港、それにシンガポールなどの華僑社会では、いまも名前に漢字を使っている。だがその命名にはなんの規定もなく、どのような漢字を使ってもかまわないようだ（日本もかつてはそうであった）。

ちなみに中国でもいまはキラキラネームが流行しているようで、新聞に載っていた記事では女児に「白雪公主」（白雪姫）とか「王者栄耀」（大人気のオンラインゲームの名）という名前をつける親がいたという。そんな風潮を嘆いたわが友人は、「知人の麻《マ》くんに子どもが生まれたので、『麻婆豆腐』という名前にしたらどうだ？」とからかってやった、と冗談をいっていた。

中国人の名前は、だいたい漢字一字の姓（まれに「欧陽」や「諸葛」のような「複姓」もある）と、一字か二字の名前で構成される。姓名全体の字数については、歴史上の人物を考えても、劉邦《りゅうほう》（漢の高祖）、曹操《そうそう》・張飛《ちょうひ》・関羽《かんう》など、さらにそれからあとも李白・杜甫《とほ》・蘇軾《そしょく》……などなど、名前が一字だけの人物はいくらでも思いつく。だが姓も名前も一字なら、同姓同名の人物が多くなる。日本にも同姓同名の別人がいないわけではないが、だいたい二字か三字で書かれる日本人の姓とはちがって、一字姓が圧倒的に多い中国では、全体で千種類をこえる姓があるとはいうものの、実際によくあるのは李・張・王・孫・趙・楊・周・呉・陳・劉などせいぜい数十種類だから、名前まで一文字であれば、同姓同名が多くなるのも当然である。ネット上に出ていた記事では、張偉さんという名前の男性は全国でなんと三十万人近くおられるそうだ。

戸籍に使える文字

閑話休題、外国での命名のことはさておいて、ここで日本人の名前について考えてみよう。

私は人名用漢字の審議会に参加してはじめて知ったのだが、現在の日本では名前のつけ方について法律上の規定があって、「戸籍法」第五十条に「一　子の名には、常用平易な文字を用いなければならない」、つづいて「二　常用平易な文字の範囲は、法務省令でこれを定める」と定められている。

この法律は戦前の民法を貫いていた家族制度が廃止されたのに連動して、戦前からの戸籍法を全面改正したもので、大正三年（一九一四）に制定された旧戸籍法では、子どもの名に用いる文字に関して「略字又ハ符号ヲ用ヰス、字画明瞭ナルコトヲ要ス」と定められていただけだった。戦前でも名前にはローマ字など外国語の文字は使えなかったが、通常の漢字であれば、ほとんどのものが使えたのが実情だった。

しかし新しい戸籍法が昭和二十三年一月一日に施行されてからは、子どもの名前には「常用平易な文字」を使わなければならないということになった。これは日本ではじめて定められた命名用字の規制だが、しかし「常用」とは「よく使われる」ということ、「平易」とは「簡単である、難しくない」ということだから、それははなはだ曖昧な規定である。このままでは何をもって常用、何をもって平易とするかがわからないが、それについて法律では、その範囲を「法務省令でこれを定める」と記している。

「省令」は大臣が管轄の省庁に出す命令だから、「法務省令」とは法務大臣が法務省に出す命令のことである。つまり極言すれば、日本人の名前に使える文字は法務大臣が決めている、ということになるのだが、実際には法律を施行するための細かな規定が別に定められていて、名づけに使える「常用平易な文字」について、現在では「戸籍法施行規則」に、

第六十条　戸籍法第五十条第二項の常用平易な文字は、次に掲げるものとする。
一　常用漢字表（平成二十二年内閣告示第二号）に掲げる漢字（括弧書きが添えられているものについては、括弧の外のものに限る。）
二　別表第二に掲げる漢字
三　片仮名又は平仮名（変体仮名を除く。）

と記されている。

右記の一「常用漢字表」とは、昭和五十六年に制定、平成二十二年に改定された漢字の規格で、「法令、公用文書、新聞、雑誌、放送など、一般の社会生活において、現代の国語を書き表す場合の漢字使用の目安」（まえがき）と定義されている（現在は二千百三十六字で構成される）。次の二「別表」は、常用漢字以外に人名に使うことが認められている漢字の表で、これを一般に「人名用漢字」と呼ぶ。

三は漢字以外に使える文字についての規定で、子どもの名前には漢字のほかに片仮名と

平仮名が使えるが、「変体仮名」、つまり蕎麦屋の看板や花札の短冊などに見える、明治初期まで使われていた古い形の仮名は使えない。

ローマ字は使用できるか

ここで重要なことは、戸籍上の名前にはローマ字が使えないということである。だから、どんな分野でもトップになってほしいという願いをこめて男児に「一郎」という名前をつけることはできるが、同じ意味で「A男」という名前をつけることはできないし、昭和四十年から四十二年にかけて放送され、大人気を博したテレビ漫画「オバケのQ太郎」（藤子不二雄氏作）のファンだった人（もうずいぶんの年になるだろうが）に子どもや孫が生まれても、「Q太郎」とか「P子」（Q太郎の妹）という名前はつけられない……という冗談はさておき、ローマ字の使用をめぐっては、審議会でも大きな議論となった。

近ごろはごく身近なところに、さまざまな国からやってきた外国人がたくさん暮らしている。また「インバウンド」とやらで、街中や交通機関内で外国人旅行者を見かけるのも日常茶飯事だし、日本から海外に出かける人も年々増加している。これからの日本ではいままで以上に国際化が進行していくことは確実で、それとともに国際結婚する人も増えていくにちがいない。

だから人名用漢字を見直すなら、今回が絶好のチャンスだから、この際法律を改正して、ローマ字はもちろんのこと、朝鮮・韓国語で使うハングルや、中国で使われる簡体字の字形も戸籍上の名に使えるようにするべきだ、という意見があった。会議でその意見を述べた委員は、国際的に活躍する人物としてしばしばテレビ番組などにも登場される方なのだが、しかしその意見を聞いていて、失礼ながら私には暴論としか思えなかった。

もしローマ字やハングルが名前に使えるのだったら、アラビア文字やギリシャ文字、ロシア語の表記に使われるキリル文字、あるいはインドやスリランカで使われるタミール文字なども使えるようにするべきである。英語やフランス語・ドイツ語に使う文字はOKだが、ギリシャやロシアの文字はだめだというのは、あきらかに差別である。しかしローマ字はともかくとして、ハングルやキリル文字を苦もなく読める日本人が、いまの日本にいったいどれくらいいるだろう。もしそうなったら、行政の現場で戸籍を扱う係官をはじめ、運転免許証や健康保険証などを扱う官庁の方々は、多種類の文字に通じている必要があるし、右から左に進む横書きで書かれるアラビア文字の名前が小学校の児童名簿に載っていたら、担任の先生はさぞかし苦労されることだろう。特定の外国語でしか使われない文字まで人名に使うことを認めれば、文字の種類がきわめて多くなるとともに、それらの文字を読めない人に対して、その名前は名前としての機能を果たさない。だからこそいまのままの規定がこれからも存続することが望ましい、と私は考える。

戸籍に記載する名に使える文字と記号は、以上の通りである。ただし以上はあくまでも戸籍上の名に関する規定だから、ペンネームや芸名・通称などではどんな漢字や文字を使ってもまったく自由である。

敗戦後に名前に使えなかった漢字

さて「常用平易」な漢字に話をもどそう。

昭和二十三年の戸籍法によって、子の名には「常用平易な文字」を使わなければならないと決められたのだが、肝腎の「常用平易な文字」については、当時の「戸籍法施行規則」第六十条によって、「当用漢字表」に含まれる一千八百五十文字を「常用平易な文字」と定めた。だがこのことがまもなく大きな問題となる。

昭和二十一年に作られた「当用漢字表」は、「法令・公用文書・新聞・雑誌および一般社会で、使用する漢字」(まえがき)について「当面のあいだ用いる」種類を定めたものだが、「戸籍法施行規則」は、それをそのまま子の名に使える「常用平易な漢字」の範囲とした。しかしこれは非常におかしな話で、「法令・公用文書・新聞・雑誌および一般社会」で使う漢字と、人の名前に使われる漢字は、本来性格がことなったものであるはずだ。一般社会で使われる漢字なら、たとえば「死」とか「病」、「尿」、「苦」、「貧」なども必要になり、だから「当用漢字表」にもこれらの漢字は入っているが、しかしそれらを人名に使うことはまずありえない。

それにそもそも「当用漢字表」の「まえがき」には、

固有名詞については、法規上その他に関係するところが大きいので、別に考えることとした。

と書かれている。つまり「当用漢字表」は固有名詞を対象としていないことが、そこに明言されているのだ。

固有名詞を対象としないということは、法律や公用文書などには使われないけれども、日本人の名前には昔からふつうに使われてきた漢字はそこに含まれないということであって、じっさい「弘」や「奈」、「昌」、「聡」、「彦」などが「当用漢字表」には含まれていなかった。

戸籍上の名前に使える文字が制限されたのは、この時がはじめてだった。だがそれにもかかわらず、これまで名前によく使われてきたいくつかの漢字を含んでいない表を命名の範囲とする、と法務省は定めたのだった。そんな状態に、人々が甘んじているわけがない。折から、のちに「団塊の世代」と呼ばれる人々が生まれた「ベビーブーム」の時代である。やがて国民の各層から、もっといろんな漢字を名前に使えるようにしてほしいという要望が出てきたのは当然であった。

そんな機運を受けて「国語審議会」で人名に使う漢字の問題が審議され、その結果、「当用漢字表」には入っていないが人名には使うことができる漢字として以下の九十二種を選び、それを昭和二十六年五月に「人名用漢字別表」として告示した。

丑・丞・乃・之・也・亙・亥・亦・亨・亮・仙・伊・匡・卯・只・吾・呂・哉・嘉・
圭・奈・宏・寅・尚・巌・巳・庄・弘・弥・彦・悌・敦・昌・晃・晋・智・暢・朋・
杉・桂・桐・楠・橘・欣・欽・毅・浩・淳・熊・爾・猪・玲・琢・瑞・甚・睦・磨・
磯・祐・禄・禎・稔・穣・綾・惣・聡・肇・胤・艶・蔦・藤・蘭・虎・蝶・輔・辰・
郁・酉・錦・鎌・靖・須・馨・駒・鯉・鯛・鶴・鹿・麿・斉・龍・亀

この時に選ばれた漢字をざっと見ていくと、日本で古くから名前に使われているおなじみの漢字がたくさん含まれていることがわかる。いま人名に頻繁に見かける「亮」や

「哉」、「圭」、「奈」、「宏」、「彦」、「昌」、「晃」、「晋」、「智」、「朋」、「浩」、「玲」、「祐」、「稔」、「肇」、「綾」、「聡」などが、戸籍法が施行された昭和二十三年一月一日から名前に使えなかったのだから、国民から不満が出るのも当然だっただろう。

使えなかった「澪」

こうして昭和二十六年に「人名用漢字」が選ばれたあと、子どもの命名についてはしばらくその状態がつづいていた。しかし昭和三十年代に入ると、政府の経済白書につけられた「もはや戦後ではない」との副題が流行語となり、敗戦からの復興がしだいに進んできた。「所得倍増計画」によって経済は高度に成長し、国際的に見ても、昭和三十一年には日本が国連に加盟し、さらに東京でオリンピックが、大阪で万博が開催された。こうして日本の国際社会における地位が向上してくると、人々の意識もしだいに変化しはじめ、それが子どもの名前にも影響をあたえるようになってきた。簡単にいえば「ハイカラ」な名前が好まれるようになり、従来とはひと味もふた味もちがった趣向の名前をつけたいという希望が増えてきた、というわけである。

やがて昭和四十六年に開催された「全国連合戸籍事務協議会」の総会で、人名用漢字のさらなる追加を要望する決議がおこなわれた。その会議は全国の市町村で戸籍事務を担当する実務者たちの集まりだが、そこで出た意見として、名に使えない漢字を記した出生届が不受理となった時に、子どもの両親や祖父母が落胆し、しぶしぶ別の名前を考えるケースを見るのは人情として忍びない。だから制限をさらに緩和して、より多くの漢字を使えるようにしてほしい、との要望が強く表明されたのである。

そんな時代の変化と実務担当者からの要望をうけて、法務大臣の諮問機関である「民事法制審議会」などで審議がおこなわれた結果として、昭和五十一年にあらたに二十八字が「人名用漢字別表」に追加された。これで当用漢字以外に名前に使える人名用漢字が合計百二十字となった。

ここで追加された漢字のなかには、「沙」や「瑠」、「紗」、「耶」、「芙」、「那」など、漢字そのものに備わっている意味ではなく、「サ」とか「ル」、「ヤ」という発音を表すためだけに使われる漢字がたくさん入っている。そのころから、たとえば「さやか」を「沙也香」と書き、「アンナ」を「杏奈」とか「安那」と書くような、漢字の発音だけを使う「万葉仮名」式の名前が流行しはじめていたのだろう。

そのころ国文学を研究している先輩に女児が生まれた。先輩は若いころからずっと、女の子が生まれたら「澪《みお》」と名づけようと考えていた。「澪」とは海や河口などで帯状に深くなっていて、小型の船が行き来する水路となるところをいう。

先輩がその漢字を娘さんの名前につけようと思ったのは、『源氏物語』第十四帖に「澪《みお》標《つくし》」巻があるからで、その巻名の由来となった、

澪標　恋ふるしるしに　ここまでも　めぐりあひける　縁はふかしな

という歌が彼は好きだったのである。

だがせっかく考えたその名前も、追加された二十八字のなかに「澪」は入っておらず、あえなく断念せざるをえなかった。おだやかな性格の先輩は不服を申し立てることもなく、しかたなく「水緒」という名前に変更した。ちなみにこの漢字は、昭和六十年放送のNHK連続テレビ小説『澪つくし』が人気を博したことから、平成二年の追加によって名前に使えるようになった。だからわが先輩に孫ができれば、今度こそ望み通りに「澪」ちゃんと名づけることができるわけだ。

「昴」と「昂」

さて二度目の人名用漢字追加から五年たった昭和五十六年に、それまでの「当用漢字表」が廃止され、かわって「常用漢字表」が制定された。「常用漢字表」は「当用漢字

表」から一文字も削らず、そこに九十五字を加えた、合計一千九百四十五字で構成された。ところがこの追加九十五字のなかに、すでに人名用漢字に指定されていた漢字が八字（尚・甚・杉・斉・仙・磨・悠・龍）含まれていたので、その八字を「人名用漢字別表」から削除し、それとは別に、あらたに五十四字を追加した。この結果、人名に使える漢字は常用漢字のすべて（一千九百四十五字）と、別に定められた人名用漢字百六十六字となった。

ここで追加された五十四字のなかには「碧」や「瑛」、「巴」、「楓」、「虹」、「慧」、「駿」など、当時の時代思潮で名前に使いたいと人気があった漢字が一挙に追加されたが、そのなかに「昂」があった。「昂」は「意気軒昂」という四字熟語にも使われ、「上を仰ぐ」という意味で、音読みはコウ、訓読みは「あがる」とか、「たかい」などと読まれるが、人名ではほとんどの場合「たかし」と読まれる。

この「昂」とよく似た漢字に「昴《すばる》」がある。かつて中年男性がカラオケのマイクを握る時にもっとも人気があったとされる「昴」（作詞作曲　谷村新司氏）でおなじみの漢字だが、その曲が作られたのは前年の昭和五十五年四月のことだった。

そのころ瀬古利彦氏というマラソンランナーがいた。瀬古選手は、同じく著名なランナーだった宗茂・猛氏兄弟らとともに日本の長距離界をリードし、一九八四年に開催されたロサンゼルスオリンピックでは十四位、八八年のソウルオリンピックでは九位とすばらしい成績をあげた。

ある時なにげなくテレビを見ていると、その瀬古選手に男の子が生まれたという話題が流れた。芸能人でもないのに子どもの誕生がワイドショーに取りあげられるのは、瀬古氏がそのころ日本のスポーツ界でもっとも有名な選手の一人だったからだが、同氏はそのご子息に「すばる」という名前をつけようとしたのだそうだ。ところが「すばる」の漢字である「昴」は常用漢字のみならず、その時には人名用漢字にも入っていなかった。そこで瀬古選手は「昴」によく似た「昂」を使って、それで「すばる」と読ませることとした、というのだ。「昴」は前述のごとく音読みコウ、「昂」は下部が《卯》で音読みボウだからまったく別の漢字なのだが、その二つはよく似ているから、この際小さなちがいは無視してしまおう……ということだったのだろうか。

テレビを見ていた私は、ずいぶん大胆なことをされるものだ、とあきれながらも感心したが、その「昴」も、やがて平成二年に人名用漢字に追加されたので、いまは名前の漢字を「昴」に改められたと聞く。

「琉」と沖縄県民の感情

昭和五十六年に「常用漢字表」制定にあわせて五十四字が追加されてから約十年間は人

名用漢字に動きがなかったが、そのあいだも日本ではさまざまな面で社会的情勢が変化しつつあった。バブル経済真っ最中の好景気がつづくなかで、日本の企業が積極的に外国に進出し、また外国の企業もどんどんと国内に入ってきた。

そんな国際化の進展とは別に、国内における大きな社会的変化としてコンピューターが急速に小型・低価格化し、一般企業のオフィスはもとより、個人の家庭にまで普及しはじめた。「漢字は機械で書けない」というそれまでの常識は根底からくつがえり、たくさんのビジネスマンや学生が小さいコンピューターを操って、漢字かな交じり文の日本語を書きだした。

この機械を使えば、複雑な字形を覚えていなくとも漢字が簡単に書けるから、これによって、人々がそれまで漢字にいだいていたイメージがかわりはじめ、この頃から「漢字ブーム」といわれる現象が起こりはじめた。この社会的変化が、子どもの名前における流行にも影響をあたえたことは、おそらくまちがいない。

そんな流れのなかで、常用漢字と人名用漢字だけでは種類が少なすぎ、名前に使いたい文字が入っていないので、もっと増加してほしいという声がふたたび高まってきた。なかにはそろそろ人名に使える漢字の制限を撤廃するべきだとの主張まであった。

そこで法務省が人名用漢字に関する要望を調査して、平成二年四月にさらに人名用漢字を追加した。この時の追加は合計で百十八字にもおよび、それはこれまでの追加で最多の字数だった。

わが先輩が娘の名前に使いたがった「澪」も、瀬古選手がもともと希望しておられた「昴」もこの時に追加されたが、しかしこの百十八字のなかには、「伽」や「茄」、「袈」、「裟」、「凪」、「宥」、「邑」、「胡」など、一昔前ならまず名前には使われなかっただろうと思える漢字もたくさん含まれていた。

ともあれこのような推移をながめていると、はじめて戸籍法が制定された時から約五十年のなかで、ずいぶんいろんな漢字が名前に使えるようになったと思えてくる。人々の漢字に対する認識と嗜好が時代とともに着実に変化しつつあったことが、そこにはっきりと反映されているのだろう。

それから七年の時間がすぎた平成九年二月、沖縄県那覇市の役所に、名前欄に「琉」と記した男児の出生届が提出された。しかし「琉」は常用漢字にも人名用漢字にも含まれていなかったので、その届けは受理されなかった。

「琉」が名前に使えないと知った夫婦はしかしあきらめることなく、沖縄県人には「琉」という漢字に特別の思い入れがあるとして、那覇家裁に不服を申し立てた。

この年の沖縄では普天間基地の移転問題をめぐって、政治的に大きく揺れていた。普天間基地は嘉手納基地と並んで沖縄におけるアメリカ軍の最重要拠点となっているが、しかし基地が市街地の中心部にあることから、日本への返還を求める声が強かった。アメリカ軍駐留に対する大規模な反対運動が起こるとその声はさらに高まり、やがて普天間基地が五年から七年後までに日本に返還されることが発表された。

しかしこの返還には、代替施設として名護市辺野古沖に滑走路を備えたヘリポートを建設することが交換条件とされていた。さらには平成十二年七月に名護市で先進国首脳会議(いわゆるサミット)を開催する予定もあって、政府は沖縄をめぐる問題について非常にナーバスだった。このサミット開催にあわせて、沖縄のシンボルである「守礼門」を図柄とした二千円札が発行されたことも、それをはっきりとものがたる。

「琉」が名前に使えないことが問題とされたのは、ちょうどそんな時期だった。そうなると事態のなりゆきは明白で、不服申し立てに対する家裁の判断が出る前に、法務委員会での質問に対して当時の法務大臣が「『琉』は沖縄県民にとって長い間にわたって日常生活で親しみを感じている漢字であり、その漢字を名前に使いたいという県民の心情は十分に理解できる。そんな字がなぜこれまで人名用漢字に入っていなかったのか、自分も不思議に思うので、法務省に調査を命じて早急に結論を出したい」と答弁した。法務大臣からの調査命令に法務省がさからうはずもなく、この字が「当選」することは明白だったが、その後ほどなく「琉」の使用を認めた那覇家裁の判決が出て、この漢字が人名用漢字に、ただ一字だけ追加された。

この「琉」一字だけの追加のあとに、最初に述べた「曽」をめぐる裁判があって、その結果として、私も参加させていただいた審議会が作られた。平成十六年のことである。

そのころ、テレビ東京系で放送されていた「ジカダンパン！　責任者出てこい！」という番組があった。これは当時絶大な人気があったみのもんた氏が司会で、世の中のさまざまな問題について、レギュラー陣とスタジオ参加の視聴者が、業務に従事している関係者と直接対決＝「ジカダンパン」するという趣向の番組だった。

平成十四年十二月九日に放送されたその番組で、人名用漢字の問題が取りあげられた。関東地区限定の放送なので私は見ていないのだが、人から聞いたところでは、子どもに「舵」という名前をつけようとして受理されなかったことに納得できない夫婦が登場し、また番組から相談を受けた渡辺喜美《わたなべよしみ》衆議院議員（当時）が、「梨」は使えるのに自分の選挙区（栃木県）の名産である「苺」が名前に使えないのは理不尽だと法務省に問いただし、最終的には渡辺議員が森山真弓《もりやままゆみ》法務大臣（当時）に掛けあって善処を依頼する、という展開だったそうだ。実際に森山大臣はその夫婦に面会し、その時にうけた請願が人名用漢字追加の決断につながったという話もある（産経新聞二〇〇三年一月二十三日夕刊）。

子どもの名前に使いたい漢字の希望にはきりがない、ということだろうか。そんな機運をうけてはじまった人名用漢字の審議では、法務省がたたき台として用意したデータを文化庁作成の『漢字出現頻度調査』とＪＩＳ漢字規格にすりあわせて、そこから「常用」と「平易」という範囲を示すフィルターを作り、その重なった部分から当時まだ人名に使えなかった漢字を抽出したら、合計五百七十八の漢字が浮かびあがった。

法務省が最初にたたき台として用意していたデータには、民間からの要望が多かった漢字として、「苺」・「遥」・「煌」・「牙」などが含まれていた。これは出生届が受理されなかった時に法務局の窓口に要望として出されたもので、なかでも「苺」については、特に栃木・佐賀・福岡などから非常に強い要望が出ているとのことだった。

「癌」「呪」「噓」は名前に使えるか

こうして委員会では半年間にわたってさまざまな漢字を検討したのだが、なかには驚くべき要望もいくつかあった。私の印象に強く残ったのは、「腥」という漢字だった。聞けば申請者の意図としては、太陽と月が並んだら「明るい」になるのだから、月と星が並んでも同じく「あかるい」になるはずで、だから、「腥」を「あきら」と読ませたいとのことだった。しかし「腥」のヘンとなっている《月》はニクヅキであって、天体のツキではない。そんなことは辞書を引けばすぐにわかり、「腥」とは「動物の肉がなまぐさい」という意味である。こんな漢字で名づけられたら子どもには大迷惑だろうが、少なくとも名づけに際しては辞書くらいは引いてほしいものだと思った。

ともあれ多くの漢字についてさまざまなデータを使って統計的処理をおこない、それによって「常用」と「平易」という漢字集合を作れば、その重なった部分に「常用にして平易」な漢字の集合ができる。

だがそうして浮かびあがってくる「常用平易」な漢字は、もとのデータが人名という用途だけに絞りこんで作られたものではないから、そこには「癌」や「腫」、「瘍」、「膵」、「膿」、「痔」、「瘻」など医学生理学の文献で使われる漢字が混じってくるし、小説や戯曲の作品なら「呪」や「嘘」、「蔑」、「屍」、「糞」なども使われる。そしてこのような漢字も、一般的な社会生活においては「常用平易」であると認定できる。問題はそれらが人名に使われることに関する適否なのだが、審議会を主導する法務省は、「これらの漢字は『常用平易』な漢字を抽出する作業の中で、しかるべき手順をふんだ結果出てきたものであるから、戸籍法が規定する人名用漢字になる資格がある」と、追加候補に入れることを委員会に諮った。

この時に私は、法律家のものの考え方は私たち（とあえて複数形で書かせていただく）とはかなりちがうということを痛感した。法律や行政の立場では、結論を導く過程で個人の主観が入りこむことは厳に避けなければならないという。しかるべき議論の結果として「常用」という物差しと「平易」という物差しを作り、「癌」や「糞」、「呪」、「嘘」などの漢字がそのフィルターを通過したのだったら、それはほかでもなく「常用平易な漢字」に認定されたということであり、戸籍法が規定している人名用漢字の資格がある、と当局は考えた。「糞」や「呪」などは人名には使うべきでないというのは個人の主観であって、データ処理の結果浮かびあがってきた文字を、委員個人の主観によって個別に処理することは許されない、というわけだ。

しかし「糞」や「癌」が人名用漢字だなんてとんでもない、と考えた委員は決して私一人ではなく、私を含めた十名近い委員が同意見だった。私たちはなんどかの会議の場で、それらの漢字は社会的な一般認識としても、人名には明らかに不適当であると主張したのだが、しかし事務局は、たとえば「尿」や「死」などは当用漢字にも常用漢字にも入っているから、これまでも名前に使おうと思えば使うことができた。しかし「死郎くん」も「尿子ちゃん」も現実にはいない。「苦」とか「病」、「尻」なども同様で、そんな漢字はだれも子どもの名には使わない。それなら「糞」や「嘘」を人名用漢字に入れて、使える状況にしてもだれも使わないから別に問題はおこらないという意見まで出た。それは私からみれば詭弁以外のなにものでもなかった。

だがかつて実際に、子どもに「悪魔」という名前をつけようとした人がいた。悪も魔も常用漢字に入っているから、それは命名に使えるはずの漢字なのだが、しかし子どもに「悪魔」と命名することはその子の将来の幸福を願う行為とは考えられず、結局その名前は「命名権の逸脱・濫用」という認定によって不受理処分となっている（平成六年東京家裁判例）。だから、人名用漢字に入った漢字でも、重要なのはその運用だ、というのである。

さらにまた別の、行政現場を代表して出席していた委員は、たとえば癌撲滅のためにひたすら研究している若き医師に子どもが生まれたとして、父親の願望を子どもに託すために「癌克服」という名前をつける可能性もなくはないだろうと語った。その可能性の有無について私は判断を保留するが、その時にその委員が力説したところでは、役所の窓口では受け皿が広ければ広いほどありがたく、この字は使えないと出生届受理を拒否する時に、なぜ使えないのか？　と聞かれることが、窓口の現場では一番辛いのだそうだ。

ともあれ審議の最終段階では、若干の漢字をめぐって委員会内部で一悶着も二悶着もあったが、最終的には追加原案をそのまま法務省のホームページで公開し、一ヵ月ほどパブリックコメントを実施して意見を募集することとなった。

ところが実際にパブリックコメントを実施したところ、こんな漢字が人名に使えるか！

委員会はなにを考えているのだ！　という意見が大量に寄せられた。特に批判が集中したのは「糞・呪・屍・癌・淫・怨・痔・妾」で、なかには「委員たちの見識をうたがう、まったく税金の無駄遣いである」という厳しい意見もあった。

問題の漢字を人名用漢字に入れることに反対していた委員たちは、パブ・コメの結果を聞いて「ほら見たことか」と思ったのだが、次の会議の席で、法務省はパブ・コメで圧倒的に批判が集中した漢字を、あっさりと候補から削除した。法務省としては、一般からの意見で圧倒的に反対の意見が多ければ、それが削除する「大義名分」となる。外部に公開されていない委員会のなかでおこなわれている審議では、委員の個人的主観によって文字を削除することはできないが、しかし一般からの意見として批判が集まれば、それを根拠として粛々と削除する、それが法務省の立場なのであった。

私には突然の一本の電話からはじまった人名用漢字の追加審議は、いろんなことを教えてもらいながらこうして最終局面を迎え、平成十六年九月二十七日から、かつて「許容字体」とされていた二百五字と、新たに追加された四百八十八字を加えて、全部で九百八十三字となった。

それ以後も人名用漢字には時々動きがあって、平成二十一年には「祷・穹」が追加され、平成二十二年十一月には常用漢字表が改定されたのにともない変更などがあって、現在の段階では常用漢字と合わせて、二千七百六十九種類の漢字が使えるが、たとえば「遥」と「遙」、あるいは「凜」と「凛」のように同じ漢字の異体字も含まれているから、字体としては合計二千九百九十八種類の漢字が人名に使えることになっている。

第二章　漢字をまなぶ

1　漢字学のすすめ

言語学のなかの文字学

人間が口で話すことばを紙などに記録する記号システムが文字であるとすれば、その研究は言語学に属するテーマとなるはずである。ところが言語学はヨーロッパやアメリカで生まれ、発達してきた学問だから、文字にはきわめて冷淡で、研究がほとんどおこなわれてこなかった。少なくともこれまでの言語学では語彙や語法、あるいは音韻や方言の研究などと比較して、文字学がかなりマイナーな分野と位置づけられてきたことは、まちがいのない事実である。

だがそれは当然のことであった。欧米で文字といえば、ふつうラテン文字（ローマ字）またはキリル文字（ロシア語などに使われる文字）を指し、どちらも表音文字である。表音文字は口から発せられる言語の音声をつづって記録に定着させるための記号であって、それぞれの文字には固有の意味がない。具体的にいえば、英語の〝cat〟と〝cap〟という単語は見かけが非常に似ているが、しかし単語の最初にある《c》から共通の意味を抽出することはできない。だから表音文字は言語を構成する音声が投影されただけの影法師にすぎず、個別の文字をいくら研究してみても、そこから言語にかかわる諸相を考察することは不可能である。

表音文字では《B》とか「マ」といった文字だけをいくら研究したところで、そこから得られる成果はほとんどなにもないから、表音文字は「研究」という行為になじまない。だからエジプトやメソポタミアなどで使われた古代文字を解読する研究などを別とすれば、文字そのものを研究対象とするには、まずその文字が表意文字でなければならないという前提がある。

よく知られているように、ラテン文字もそのルーツであるフェニキア文字の段階では表意文字だったが、しかし早い時期に他の言語の表記に使われるようになって、表音文字としての道を歩みはじめた。そして現在の世界で使われている文字は、アラビア文字やキリル文字、ハングル、そして日本の仮名など、ほとんどが表音文字である。

そう考えれば、文字学という学問が成立する基盤など現在の世界にはほとんど存在しないように思われるかもしれない。ところがじつは、私たちにとって非常に身近なところに、文字として研究に価する絶好のターゲットがある。それはほかでもなく、漢字である。

表意文字としての漢字

漢字がいつごろに、中国大陸のどこで生まれたものか、正確なことはよくわからないが、紀元前一三〇〇年あたりから、王朝名でいえば殷（正しくは「商」）の時代から使われていた「甲骨文字」が、現在の漢字の直接の祖先であることはまちがいない。そして漢字は、そこから数えても現在に至るまでの三千年余りの時間にわたって、一貫して表意文字の体系を維持しつづけている。

世界の古代文明の中心にはどこにも文字があり、そのなかには漢字より成立が早いものもいくつかある。だから漢字が世界最古の文字というわけではないのだが、しかし漢字ほど長い時間にわたって、そして膨大な数の人間によって使われつづけてきた文字は、他に例を見ない。つまり漢字は使用時間において世界最長の歴史を持つ文字であって、中国ではずっと漢字で文書や書物が書かれてきたから、それはまた、世界最大の量の文化遺産を持つ文字ともなった。

漢字が古代から現代までずっと表意文字の体系を維持していることと、漢字が持つ長い歴史、それに漢字で書かれた膨大な量の書物が蓄積されていることなどが原動力となって、中国や日本ではこれまでに漢字に関する多くの研究がおこなわれてきた。その研究は西洋の言語学で文字が置かれている状況とは同日の談でなく、それどころか、伝統的な中国言語学では、話しことばよりも文字の研究が中心に位置していた。

表意文字としての漢字には、それぞれに形（文字の書き方）と音（文字の読み方）と義（文字の意味）の三要素がある。字形によって表記に規範性が確立され、字音によって音声と文字が結びつけられ、そして字義によって意味伝達の作用が果たされる。そしてこの「形・音・義」の三要素に対応して、中国では早くから文字学と音韻学と訓詁《くんこ》学という三つの分野の学問が成立した。

そのなかで、音韻学は音声言語としての中国語の理解が前提となり、訓詁学には古典文献に精通し、それを読解する能力が不可欠である。しかし文字の形を扱う文字学は、文字が視覚に訴えて意味を伝達するという属性に着目する分野だから、音声言語としての中国語と切り離してもある程度は理解できる。つまり中国語が話せなくてもある程度は漢字の研究ができるという面があり、その分だけ日本人にはなじみやすい点があるといえよう。

漢字に限らず、世界の古代文字はほとんどすべて絵画から生まれたといわれる。古代人は具体的に目に見える事物を簡単な形で絵に描き、それで事物を表す文字とした。世界中の古代文字で、「魚」や「鹿」などの動物、あるいは「日」や「月」「星」「山」「川」など、天空や自然界に存在する事物を表す文字がほとんど同じ形をしているのはそのためである。そして漢字では、「亀」とか「鳥」というように、現在使われている字形においても、まだこのような象形的な要素が部分的に残っているものがある。

「仮借」による意味の転化

しかし文字で表される事物や概念が、すべて目に見える具体的な形をもっているわけではない。人間が暮らす環境においては、目で見えない抽象的な概念も数多くあり、それを文字化する時には、右に述べた「象形」という方法が使えない。そこで漢字は抽象的な概念を表す方法をそのなかに持たざるをえなかった。そのやり方はいくつかあるのだが、うちの一つに「仮借《かしゃ》」と呼ばれる方法がある。

仮借とは読んで字のごとく、他から文字を「借りてくる」方法であり、平たくいえば「当て字」である。今ある概念Aを表す文字を作る必要が生じたとする。その時にAを表す文字をあらたに作る代わりに、音声言語において概念Aと同じ発音で表現されるBという言葉を表す文字がすでに存在した場合、Bを表す文字を「借りて」きて、概念Aを表す文字としてそれを使う。ここでAとBとの間には意味的関連性はまったくなく、単に発音が同じ（あるいは非常に近い）だけである。日本語では「当て字」と呼ばれるこのような方法を、中国の伝統的な文字学では仮借と呼ぶ。

漢字のうち、特に助字や代名詞として使われる文字はほとんどの場合、その語と同音の言葉を表す既製の文字を借りて表現された。たとえば「わたし」という意味を表す「我」は、音声言語においてたまたまノコギリという道具を意味することばと同じ（あるいは非常に近い）発音だったので、ノコギリの象形文字だった「我」を、「わたし」を意味する文字としても使うようになった。そしていつの間にか、「我」がもともと持っていたノコギリという意味が完全に忘れられ、今では借用義だけが通用するようになったというわけだ。

同じように、「それ・その」という指示代名詞などに使われる「其」は、取り入れた穀類の粒を入れ、それをふるって小石やごみなどをよりわける農具とたまたま同音だったので、その農具をかたどった象形文字を「借りて」助字としても使うようになり、やがてはそちらの意味が主流となった。ついには主客が転倒した結果、本来の農具という意味を表すために、あらためて竹カンムリをつけた「箕」という字が作られた。

「我」

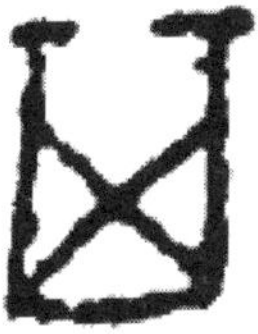
「其」

「也」という象形文字

漢文では文末に置き、断定の助字として使われる「也」も、最初からその意味で作られた漢字ではなかった。

この文字については、「漢字おタク」たちによく知られた話がある。私が学生だった時に、京都大学文学部で中国語学・文字音韻学関係の講義を担当されていた尾崎雄二郎・人文科学研究所教授（当時）が、『月刊しにか』（大修館書店）という雑誌に「漢字おタク錬成講座」と題する文章を連載されていた（一九九六年四月〜九七年三月号）。毎回かなり専門的な内容にわたる部分が多く、これでじっくりと「錬成」されたら相当に強力な漢字おタクができあがるだろうなと思いながら私も毎号楽しみに読んでいたが、その最終回（九七年三月号）に、我が師匠は「也」という漢字を採りあげられた。

最終回のタイトルは、「疑ウ可キ者無シ、而モ浅人妄《せんじんみだ》リニ之ヲ疑ウ」となっていた。これは尾崎先生が講義の際にもしばしば口にされた表現で、出典は『説文解字』での「也」の解釈に清代の考証学者段玉裁《だんぎょくさい》が加えたコメントである。その部分を連載の文章から抜き出せば、以下の通りである。

「也」は、後漢・許慎の『説文解字』第十二篇下に載る。「解説」は「女陰也」。『説文』学界で普通にいう「説解」である。清・段玉裁の『説文解字注』には、此ノ篆ハ、女陰是レ本義ナリ。仮借シテ語詞ト為ス、本《もと》疑フ可キ者無シ。而モ浅人妄リニ之ヲ疑ウ。許ハ当時ニ在リテ必ズ之ヲ受クル所有リ。容《まさ》ニ少見多怪ノ心ヲ以テ之ヲ測ルベカラズ。という。

「語詞」とはこの場合「ナリ」のこと。「少見多怪」は、見聞が狭いために、正しいことをまで、かえって疑ってかかる、ということで、いまでもごく普通に使われる成語である。「也」は文末に置かれる断定の助辞で、ごく普通の漢文に頻繁に使われる文字である。儒学の経典でも、この字はもちろんいたるところに登場する。だがこの字は、『説文解字』ではこともあろうに「女陰」をかたどった象形文字とされている。孔子をはじめとする聖賢がものした文章に、そんな「ケシカラン」文字がたくさん出てきては、困惑する人が多かったのだろう、「也＝女陰説」はガチガチの儒者にとってははなはだ迷惑な解釈だったようだ。歴代の『説文』家たちが、許慎の説にどんな対応を見せてきているかを通観してみるとすぐ分るように、許説に反対の者、あるいは少なくとも、それを認めるのに躊躇があると見える論者は、まことに多い(前掲尾崎氏講座)。

かつての中国の学者にとって、許慎のこの解釈はかなりやっかいなものであったが、しかし現代の私たちにはそれほど奇矯な説とも思えない。ある文字が「女陰」の象形と解釈されることを、単にそれが「女陰」であるというだけの理由で排斥する必要はどこにもないからだ。中華人民共和国建国時に文化担当の副総理に任じられ、また中国科学院院長としてずっと社会主義中国の文化的リーダーでありつづけた郭沫若《かくまつじゃく》は、「祖」の原字である

「且」を、男根が雄々しく屹立するさまをかたどった象形文字であると考えた（郭沫若『甲骨文字研究』所収「釈祖妣」）。その説をめぐっては賛否両論があるが、しかしだれも「男根」が持つ通俗的なイメージだけによって郭説を批判したりはしない。説の当否は、「也」や「且」の古代文字での字形が、はたして本当にそれらをかたどったものであるか否かを詳細かつ科学的に検討することからはじめられるべきである。

我が恩師は以前から、「也＝女陰説」についてははなはだ肯定的であった。その説には大学の講義においてしばしば言及されていたが、前掲論文にあるように、最近ではさらに『殷墟甲骨刻辞類纂』所掲の字形や著名な古代文字学者である張政烺《ちょうせいろう》の論文などを論拠として、許慎の説を補強されたように見受けられる。

「閇」と「閪」が語ること

これまでの東洋における学術界では、やはり儒学の影響なのだろうか、性に関することがらを堂々と語ることは、どちらかといえば慎むべきこととされてきた。「也」に関する『説文解字』の解釈が異端的として排斥されてきたのも、まさにそれが理由である。

しかしそのようなタブー意識は比較的新しい時代の産物であり、性行為はもともと人類の子孫繁栄に直結することがらであり、本来タブー視されるべきものではない。日本でも『古事記』などには、性に関してはまことに開放的でおおらかな表現がふんだんに登場する。

仏教説話集として知られる『日本霊異記《りょういき》』下巻第十八に、「法花経を写し奉る経師《きょうじ》、邪婬を為して、現に悪死の報を得る縁《えにし》」という話がある。

河内の国にいた「経師」(写経を書く職人)が依頼を受けて、寺にこもって『法華経』を書き写していた。その寺には女性の参詣人も多く、お参りにきた女性たちは、経師の硯に浄水を寄進すると供養になるというので経師のこもるお堂まで水をもってきたが、ある時空がにわかにかき曇り、大雨となってしまった。

たまたま参詣にきていた女性が雨に降りこめられ、しかたなく経師が写経をしていたお堂でしばらく雨宿りをすることとなった。しかしなにぶんにも狭いお堂である。それまで連日地味な仕事に従事していた経師は、突如としてよからぬ気持ちを起こし、「嬢《をみな》の背に踞《うずくま》り」、けしからぬ振る舞いに及んだ。しかし経師が目的を達したところで雷が堂に落ち、直撃をうけた二人は手をつないだまま息たえた。げに仏罰とは恐ろしいものである……と述べるこの話が伝えたいのは「愛欲の火、身心を燋《や》くと雖も、婬《たわ》れの心に由りて、穢《きたな》き行《わざ》を為さざれ」という教えである。

話自体は仏教説話によく見られるタイプのものだが、さてこの「けしからぬ振る舞い」

に関する具体的な描写の部分がなかなか面白い。『霊異記』には「⿵門牛《まら》の⿵門也《つび》に入るに随ひて、手を携へて倶に死ぬ」と書かれている。

ここに「⿵門牛」と「⿵門也」という漢字が見える。どちらも見慣れない漢字だが、それぞれ文脈からあきらかなように、男と女の性器を意味する文字である。そしてこの二字は決してこれだけが用例ではなく、『霊異記』以外に『古今著聞集』などにも用例が検出されるが、さてこれはいったいどういう構造の漢字なのだろうか。

男のモノを意味する「⿵門牛」は、遼の僧行均撰『龍龕手鏡《りゅうがんしゅきょう》』（九九七年成立）に見え、そこでは「閉」の異体字とされている。これがなぜ男性性器を意味する文字となったのか、「牛」はツノとの連想かと思われるが、どうもいまひとつよくわからない。しかしもうひとつの「⿵門也」は、明快な構造分析が可能である。

「⿵門也」は見ての通り《門》と《也》とからなる。《門》は理解が簡単で、古代の漢語で女性性器を意味するもっとも「雅び」な表現は「玉門」であった。この語は中国でも日本でも多くの文献に登場するから、この文字に《門》という要素が使われているのは、「玉門」からの連想であると考えてまちがいないだろう。

問題は《也》である。これまで述べてきたように、「也」を『説文解字』は「女陰」と解釈していた。この「⿵門也」の字の要素として《也》が使われているのは、おそらくそれが理由である。ところがこの字は中国の字書には見えず、日本人が作った漢字、いわゆる「国字」なのである。とすれば、この字を作った日本人は、『説文解字』における「也」の解釈を知っていたということになる。

『説文解字』は中国でも専門の学者以外にはほとんど読めない、高度な専門的著述である。だからこの書物の内容を知っており、しかもあらたに漢字を作る時に『説文解字』の知識を応用できるというのは、中国での漢字文化を相当に深く理解していた人にしてはじめて可能なことであった。昔の日本人は本当によく漢字を知っていたのである。そしてこの字を作った日本人は、少なくとも「浅人」ではなかったようだ。

古代から目を現代に転じてみよう。一昔前のワープロ専用機や電子辞書、あるいはパソコンなどの普及とともに、「漢字ブーム」の到来が指摘されて、もうずいぶんの時間が経つ。テレビのクイズ番組では、日頃から漢字・漢文の研究を仕事としている私などもひるんでしまう問題がしばしば出題され、また出版の世界でもあまり知られていない難読語や四字熟語を解説した書物がたくさん刊行されている。

そのような書物を通じて、ほとんどの人が知らない漢字や熟語を覚えれば、みずからの知識を増やすことはできるし、人を驚かせ、尊敬のまなざしで眺められることもできるだろう。

しかし難しい漢字や珍しい漢字をたくさん覚えることが文化遺産の継承に直結するとは私には思えない。それよりはむしろ、「我」とか「其」、あるいは「且」や「也」という中高校生でも知っている漢字がもっている歴史的な背景を知る方が、漢字文化を継承して未来に引き継ぐことにおいて、はるかに生産的ではないだろうか。

漢字学をすすめる所以である。

2 漢字の履歴書

①「ツキ」と「ニクヅキ」――微細な字形のちがい

各出版社から出ている漢和辞典をつぎつぎに読破するのが大好きだという方から手紙をもらって、心から驚いた経験がある。十人十色とはよく言ったもので、世間にはさまざまな趣味の方がいるものだ。しかしこのような方はむしろ少数派で、漢和辞典にはどうもつきあいにくいというイメージがあるようだ。高校生以上の子どもがいる家なら一冊くらいは漢和辞典があるかもしれないが、あっても本箱の片隅でほこりをかぶっていて、めったに使われない。

国語辞典や英和辞典にくらべて漢和辞典が冷遇される理由のひとつには、やはりそれが引きにくいということがあるのだろう。五十音順やABC順のように単語が発音順に並んでいる国語辞典や英和辞典にくらべて、漢和辞典の引き方ははなはだ複雑である。

一般的な漢和辞典には、音訓索引・総画索引・部首索引という三種類の索引があるが、音読みでも訓読みでも、とにかくなにかの読み方がわかっていれば、まよわず音訓索引を使えばよい。しかし読み方がわからない漢字を調べる時にはそれはまったく役に立たず、そして往々にして漢和辞典の出番は、読みがわからない漢字に出くわした時に回ってくるのである。次の総画索引は三種類のなかでもっとも使いにくいもので、探す漢字の画数を正確に計算するにはかなりの熟練を要する。「亞」が八画で、「興」が十六画だというのは、この作業にかなり慣れた人でないとわからない。

結局、漢和辞典を使いこなせるかどうかは、部首索引を引けるかどうかであるといっても過言ではない。もちろん「江」の部首はサンズイで、「芝」ならクサカンムリだというのは常識である。しかし小学生用などをのぞいて、大多数の漢和辞典には《氵》部という部首は設けられておらず、「江」は《水》部にある。同様に「芝」を調べるためには《艹》ではなく、《艸》部を見なければならない。

さらに難しいのは昔と今で字形が変わったもので、「應」と「応」、「國」と「国」、「數」と「数」、「辭」と「辞」などは同じ部首で画数がちがうだけだからまだしも簡単だが、小学校二年生で学習する「声」は、かつて「聲」と書かれたから《耳》部に所属していた。だがいまの「声」に《耳》は含まれていないので、最近の漢字辞典では《士》部に収められている。「与」は小学校では学習しないが、かつて「與」と書かれ、伝統的な漢字辞典では《臼》部の漢字だった。それが当用漢字の時代に「与」という形になったので、いまの一般的な辞典では《一》部に収められている。

漢字を配列するのに「部首」を使ったのは、後漢の許慎が著した『説文解字』(西暦一〇〇年成立)がはじめてで、そこに合計五百四十からなる部首が設けられた。しかしそれは古代中国での普遍的な思想であった「陰陽五行説」を基礎とした深奥な哲学による所産であり、漢字の検索などは眼中になかった。そのため『説文解字』の部首法は後世の字書に引き継がれながら、検索に便利なように整理統合され、清代に編纂された『康熙字典』(一七一六年)では二百十四部首となった。そしてこの『康熙字典』が、皇帝じきじきの命令によって編纂されたという理由で、それ以後の漢字に関する書物の規範となった。現在の日本で使われている漢和辞典の多くが基本的にこの二百十四部首を踏襲しているのも、まったく同じ理由による。

二つの月

しかしここまでの部首の整理統合に、まったく問題がなかったわけではない。特にしばしば混乱を招くのが「月」と「肉」である。

現存最古の漢字である甲骨文字では、「肉」は①と書かれ、いっぽう空に浮かぶ天体のツキは②と書かれる。両者は甲骨文字の段階からよく似た形になっているが、「肉」は祭祀の時に供えられる動物の切り肉をかたどった文字である。そう言われてみれば、①の形は今の精肉店で販売されているブロック肉の形に似てなくもないが、のちにこの字は、「にく」という意味で単独で使われる時には「肉」と書かれ、他の字を構成するヘンとして使われる時には「月」と書かれるようになった。「胴」や「肌」という字のヘンとなっている「月」がそれで、この部首を日本では「ニクヅキ」という。

この二つの「月」のちがいについてかつての字書では区別されることもあって、『康熙字典』が《肉》部の「月」字の注に引く『正字通』には「肉字偏旁の文は、もと『肉』に作るも石経改めて『月』に作り、中の二画左右に連なる。日月の『月』と異なる」と述べる。つまりニクヅキの「月」は中央の二本線が左右

①「肉」

②「月」

にくっつき、それに対して天体の「月」の俗字では中の線が左にくっつき、右にはつかないというのだが、そんな微細な差異を実際の漢字表記や印刷の場に導入するのははなはだ繁雑なので、両者は実際にはほとんど区別されず、同一の字形で記された。

『康熙字典』の部首の建て方には、このように字源にまでさかのぼった区別がしばしば見られる。しかしこんなことまで区別していたのではたいへんだから、日本や中国で最近出版される字書では、検索がより便利なようにと部首に適当な改変が加えられていることが多い。

「聲」という字形をめったに見なくなった時代に、「声」を《耳》部で引ける人はほとんどいないから、それを《士》部に移すことはやむを得ないだろう。他にも「與」から「与」へとか、「舊」から「旧」へのように旧字体から新字体に字形が大きく変わったものについては、伝統的な部首を改変することで漢字の学習がより便利になることはまちがいない。しかしそれは同時に、かつて東アジア全体の広範な地域に共通の漢字文化として存在していたシステムが崩壊することにもつながる。『康熙字典』を中心に中国や日本、あるいは朝鮮半島で蓄積された膨大な文化遺産が、これによって横のつながりを失い、混乱することもまた事実なのである。

漢和辞典のジレンマがそこにある。

②辻と辻──シンニョウの点の数

ちょっとした雑文を書いて校正刷が送られてくる時に、貴殿の苗字に含まれる「ツジ」は「辻」か「辻」か、どちらにしたらいいかとたずねられることが私にはよくある。つまりシンニョウにある点を一つにするか二つにするかという問いあわせで、それに私は「別にどちらでもかまわない」と返答することにしているのだが、これが多くの編集者には意外に感じられるようだ。いやしくも、漢字が専門でございと看板を掲げている者が、本人の姓にある文字についてはっきりと指定しないことが、どうも不思議に感じられるらしい。

結論からいうと、「ツジ」という字は「辻」と書こうが「辻」と書こうが、意味にちがいはない。「大」と「犬」や「太」、あるいは「九」と「丸」、「刀」と「刃」などなら、点の有無や位置によって意味がちがうから、それは決しておろそかにできない。しかし「辻」と「辻」では、どっちみち「ツジ」としか読めないのである。仄聞するところでは、役所とか学校での卒業証書への記名などでうるさく区別されることもあるそうだが、現在の私には、それを厳密に区別する必要はどこにもない。意味が変わらないのだから、どちらの字でもかまわない、というのが私の主張である。

シンニョウの形

シンニョウに《⻌》と《⻍》の二つの書きかたがあるのは、漢字の書き方が時代とともに変化していった結果である。シンニョウはもともと《彳》と《止》を組みあわせた会意文字で、《彳》は「行」の左半分が独立した形である。その「行」は道路が四方に伸びている形をかたどったものだから、左半分だけが独立した《彳》にも「道路」という意味がある。この《彳》の下に、人間の足跡を示す《止》を配置すれば《辵》となり、これがほかでもなくシンニョウ本来の形で、だからシンニョウをともなう漢字の篆書《てんしょ》では、その部分は《辵》と書かれている。

これが隷書《れいしょ》になった時に大きく簡略化された。漢代の遺跡から大量に発見される木簡や竹簡によって具体的に知ると、隷書の字形でのシンニョウには点が一つのものもあるし、二つのものもある。なかにはほとんどアルファベットの「L」と見えるほどに簡略化されたものまであって、この時代ではシンニョウの点はどちらでもよかったのだ。

やがて唐になって、「科挙」の出題と採点などの必要から、楷書の字形で規範を定める必要が起こってきた。そのために作られた『五経文字』や『干禄字書』（左ページ図版）では、シンニョウは点一つの《⻌》で書かれている。

しかしさらに後になると、シンニョウの上部は点を二つ書くのが正しいとされるようになった。先にも触れた『康熙字典』でのシンニョウはすべて「⻍」となっており、この字典に収録された字形が、中国でも日本でも、やがて漢字のもっとも規範的な字形を示すものと考えられるようになった。

《⻍》が規範的な形とされるのは、元来の《辵》での第一画と第二画をそのままに残した

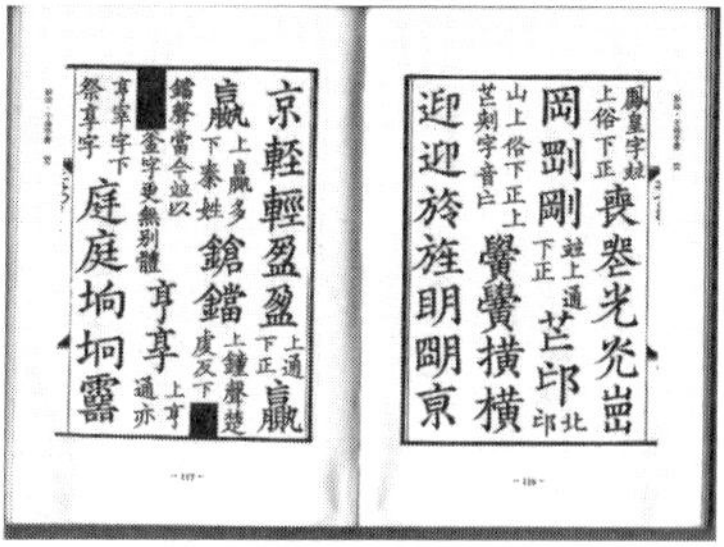

『干禄字書』

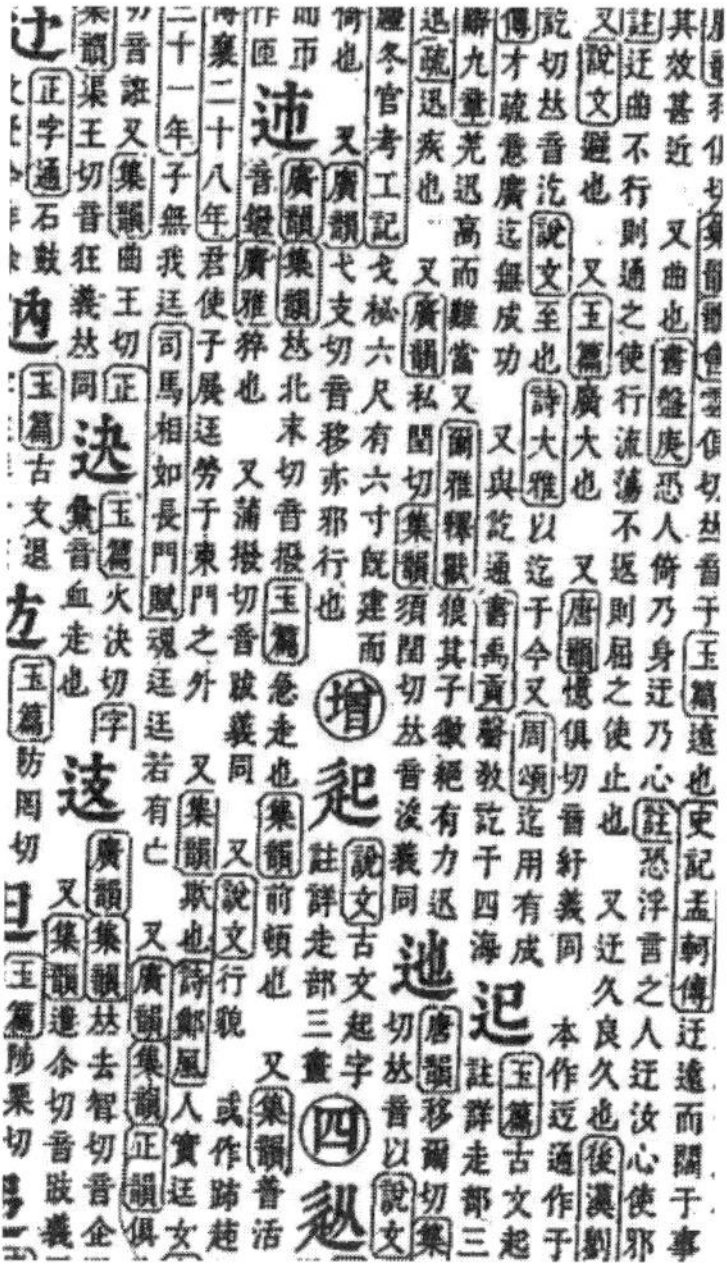

『康熙字典』のシンニョウ

結果だろう。そしてそれは文字の成り立ちから考えれば、正しい見解といえる。だから現在の中国から出版される書物でも、たとえば中華書局から出ている活字本『二十四史』など伝統的な学術体系をふまえるものでは、シンニョウは《⻍》の形で書かれることが多い。

しかし日本には《⻍》と《⻎》の形が混在している。それは戦後の国語改革で制定された「当用漢字字体表」でシンニョウを《⻍》としたからで、当用漢字に収められる以下のシンニョウの漢字は、すべて《⻍》の形で活字を作るようにと指示された。

込　迅　迎　近　返　迫　迭　述　迷　追　退　送　逃　逆　透　逐　途　通　速
造　連　逮　週　進　逸　遂　遇　遊　運　遍　過　道　達　違　遞　遠　遣　適
遭　遅　遵　遷　選　遺　避　還　辺

しかしこのように字形の規範が定められたのは「当用漢字表」に収められる漢字だけで、それ以外の漢字についてはなんの規定もない。それがそのまま常用漢字表に移行したのだが、表に入っている漢字であっても、字形が決められているのはあくまでも印刷される時だけであって、手書きで書かれる時には、なんの制約もない。

そもそも個人が手書きで漢字を書く時の形については、行政機関はなにひとつ規定していない。お前の姓にある「つじ」の漢字で、点の数をどうするかと毎回のようにたずねられ、それに回答するのも正直いってかなり面倒なので、次回からはこのページのコピーを先方に送ることにしようかと思う。

③挍と校——手ヘンと木ヘン

よく知られているように、現在の中国では本来の構造をかなり簡単にした形の漢字を、正規の字形として使っている。この簡略化された漢字を中国では「簡体字」というが、それは決して革命後の中国ではじめて作られたものではない。

文字を書く人は昔から、よりスピーディに、そしてより簡単に書ける文字を求めてきた。商人たちが帳簿をつける時のような日常的な場においては、文字は書き手と読み手にわかりさえすればいいので、複雑な字形の漢字を正しくきちんと書く必要などどこにもなかった。

さらには漢字を完全に掌握していた伝統的な知識人ですら、手紙やメモのような個人的な場では、構造を簡単にした文字を使うことも珍しくなかった。現代中国の文字改革は、

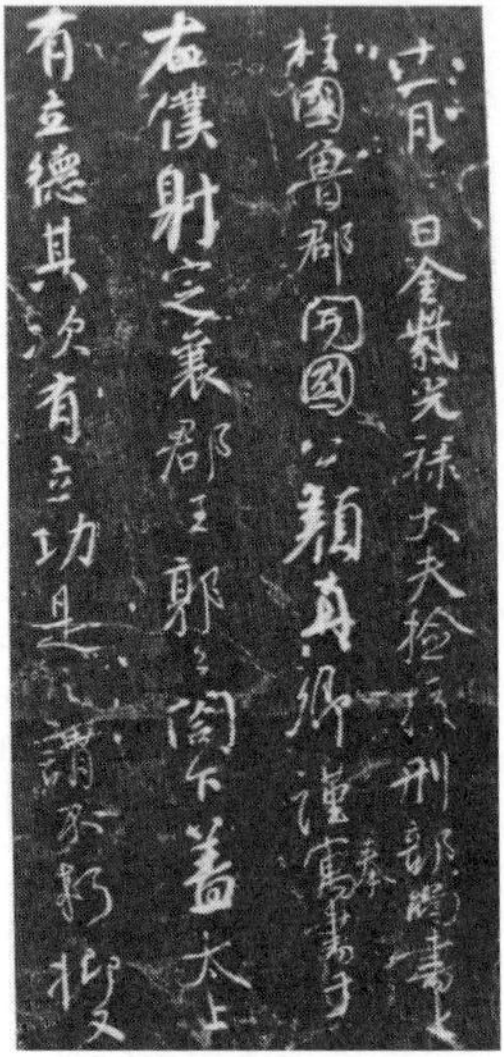

顔真卿「争座位文稿」

そのような歴史をもつ簡体字を正規の文字と認定し、それを規範的な文字に昇格させる運動であった。

図版は唐代の著名な書家として知られる顔真卿《がんしんけい》（七〇九～七八五年）が、朝廷における集会において着席する席次を乱してまで特定の人物を優遇しようとしたことに強く抗議した文書の草稿、世に「争座《そうざ》位《い》文稿」として知られる文章の冒頭の部分である。書道芸術での偉人として顔真卿の文字は後世の人々から広く学ばれたので、推敲中の草稿までが石に彫られ、その拓本が世間に流布したのであるが、さてこの文章の冒頭一行目にある官名「金紫光禄大夫・検校・刑部尚書」を名乗る部分に見える「検」という字に注目していただきたい。

ここで彼が書いているのは、「検」の正字である「檢」ではなく、相当に簡略化された形である。漢字文化の中心にいた顔真卿ですら、文章の草稿を書く時にはこのように簡略化された字形を使っていた。そしてここで彼が使っている字形が、現在の中国で「检」という形で「検」の簡体字として取り入れられている。

中国の簡体字には、このように旧社会で使われていた字形を取りこんでいるものが数多くある。そしてもうひとつ注意を払うべきこととして、その「检」という字の左半分が、見ようによっては木ヘンでなく、手ヘンにも見えることがある。

「扌」か「木」か

同じことが「検」に続く「校」についてもいえる。中国での「検校」は、本来の官名に加えてその品級を昇進させる、いわゆる「加官」のひとつであるが、意味はともかくとして、「争座位文稿」でこの二文字は、いずれも手ヘンで書かれているようにも見えるのである。

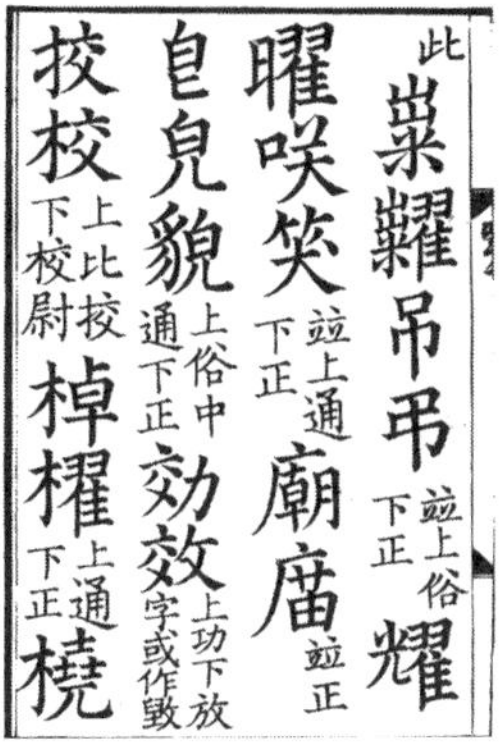

『干禄字書』の「挍」と「校」

『説文解字』(六上)によれば、「校」とはもともと罪人の手足に掛ける木製の枷《かせ》のことで、そこから周囲を木や竹の柵などで囲んだ場所も「校」で表すようになった。垣根で囲んだ学舎が「学校」であり、同じく矢来で囲んだ陣営のなかにいる指揮官を「将校」という。

そしてこの「校」という漢字には以上の他にも

うひとつ、「くらべる」という意味がある。印刷用語の「校正」とか「校注」、あるいは「校閲」の「校」がまさにその意味だが、この意味の時にはこの字を「校」ではなく、「挍」と書くべきだという議論が過去にあった。

科挙の答案に使われる漢字の正俗を明らかにするために作られた『干禄字書』(前ページ図版)に、「挍」と「校」の二字を挙げて、前者は「比挍」、後者は「校尉」の時に使う文字だと注記する。「比挍」は現代では「比較」と書かれることばで、「ものをくらべる」時には手を使ってすることが多いので、それでこの字は手ヘンで書かれるようになった。それに対して「校」は「校尉」(漢代以後の武官のランク)という時に使うと注記されている。『干禄字書』の著者である顔元孫《がんげんそん》は顔真卿の叔父にあたり、顔真卿が書いた『干禄字書』が石碑に刻まれ、拓本に取られて各地に普及した。この「校」と「挍」の二字に関する規定はあまりにも厳格すぎるので、実際にはあまり機能しなかったようだが、しかし顔真卿が『干禄字書』の普及に尽力している経緯から考えれば、顔真卿はあるいは「検校」の二字をもともと手ヘンの字として書いていたのかもしれず、それを「検校」と木ヘンの字に読むのは後世の人間の勝手な判断によるものなのかもしれない。

④正と征――古今字について

どのような漢字であれ、それが作られた時には、ただ一つの意味を表したことはまちがいない。この、漢字が最初に作られた時に表した意味を「本義」といい、それぞれの漢字がもつ本来の意味を明らかにすることは、現代の日本人にもたいへんに好まれるテーマである。もうずいぶん前のことだが、漢字の成り立ちについてアニメーションで説明したテレビ番組をＮＨＫで作ったことがあった。「漢字だいすき」というタイトルで、五分ほどのスポット番組で流されたが、それはこの種の番組のなかではそれなりに人気があって、時々視聴者からの感想が放送局に寄せられたとのことだった。

また出版においても、漢字の字源についてはこれまでにごく通俗的な書物から、相当に専門的なものまで、数多くの書物が出版されている。

しかし字源の解釈は往々にして恣意的なものになりがちで、そこに確固とした方法論がなければならないことはいうまでもない。これまでの字源研究でもっともよく使われた方法は、漢字をめぐる基本的な原則、いわゆる「六書《りくしょ》」をそれぞれの文字でのもっとも古い字形に適用して、妥当と思われる解釈を導くことであった。しかしただ単に古代文字の字形と六書だけから本義を考えるのは困難であることも多く、そんな時には他の方面から解釈の糸口を求める必要が生じる。

手がかりの一つは、古代の文献に見える用例である。漢字には「一字多義」という現象があって、一つの文字がいくつかの意味をもつことがあるが、それはもともと本義から他の意味が生まれてきた結果である。そして後からできた派生義がむしろ普通となってしまい、やがて本義が忘れられてしまうこともある。しかしそのような漢字でも、古い時代にその本来の意味で使われた用例が文献に残っていることがあり、それによって古代文字の字形が合理的に解釈できることも珍しくない。

「莫」から「暮」へ

字形解釈の手がかりの二つ目は、「古今字《ここんじ》」である。ある漢字が本義から他の意味に派生し、やがて本義以外の意味で使われるのが普通になった時、その字の本義を表すためにもとの漢字に別の要素を加えた新しい漢字が作られることがあり、このような関係にある漢字群を「古今字」という。具体的には「莫」と「暮」、「然」と「燃」、「正」と「征」などがその例である。

「莫」は、上下にある《艸》（くさ）のあいだに《日》が配置された形で、草むらのなかに太陽が没することから、「日暮れ」を表した。ところがこの字の発音が、「〜なし」とか「〜するなかれ」という意味で使われることばと同じ発音だったので、「仮借《かしゃ》」（発音を借りて他の言葉を表す「あて字」の方法）され、否定詞としても使われた。「莫大」とは「〜より大なるはなし」、「莫言」とは「いうなかれ」という意味で、どちらも「莫」を否定詞で使った例だが、やがてこのような使い方が一般的になったので、本来の「日暮れ」という意味を表すために、「莫」にさらに《日》を加えた「暮」が作られた。だから「暮」には太陽を意味する《日》が二つ使われているのだが、それはともかくとして、このような関係にある文字のグループを「古今字」といい、先に作られた漢字を「古字」、後で作られた漢字を「今字」という。

「然」は《火》と《犬》と《肉》からなる会意字で、犠牲として祭壇に供えられたイヌの肉を焼くことを意味する字だった。杜甫の詩に「山青くして花然《も》えなんと欲す」（「絶句二首」のうちの二）とあるのは、「然」の本義を使った数少ない用例の一つである。しかし「然」はやがて仮借によって、「自然」とか「天然」にあるような「しかり」という意味で使われるのが普通になったので、そこで「然」の本義を表すために、「然」にさらに《火》を加えた「燃」が作られた。

もう一つ、「正」を考えよう。「正」の上の横線を除くと「止」となるが、「止」とはもともと人間の足跡の象形文字であった（だから「歩」の上に《止》がある）。そして現在の「正」の字形で「一」となっている部分は、古くは四角または丸の形に描かれていた。この四角または丸は、壁で囲まれた集落を示す。

古代の中国では人が暮らす集落は、外敵や野獣の襲撃を防ぐために土を高く積んで固くつきかためた壁で囲まれていた。このように壁で囲まれた集落を山上から見下ろした形が四角または丸であり、「正」という字は、その集落に向かって人が進み、攻撃をしかけている形を示している。

「正」とはもともと他者に対して戦争をしかけることをいう文字であった。そして「勝てば官軍」で、勝者はつねに正義を獲得した。それでやがてこの字が「ただしい」という意味を表し、「正」の元来の意味がしだいに忘れられてしまったので、あらためて「道路・行進」を示すマークである《イ》をつけた字で、元来の意味を示すようになった。こうして作られたのが「征」である。

ちなみにラッパのマークでおなじみの整腸剤は、もともと「露国」（ロシア）を「征伐」しに出かける兵隊さんのために作られた薬であり、だから「征露丸」と命名された。だが第二次世界大戦の結果、ロシアは日本に対する戦勝国となったので、「征露」とはいえなくなってしまった。そんな政治的情況によって「征」を「正」に置き換えたのが現在の薬品名なのだが、それでもあの薬のパッケージにはいまだに、日露戦争で兵たちに食事時間を知らせた「伝達ラッパ」が描かれている。

⑤芸と藝——略字について

一般に「四書五経」と呼ばれる儒学の経書のひとつ『周礼《しゅらい》』によれば、古代中国の学校では貴族の子弟に対して「六藝《りくげい》」が教えられていたという。「六藝」とは知識人として最低限身につけておかねばならない六種類の教養科目で、「礼・楽・射・御・書・数」（作法・音楽・弓術・馬術・文字・算数）を指す。

この必須の教養科目を「藝」という字で呼んだのは、もともと「藝」が樹木や草を植えることを意味する漢字であったことによる。つまり植物の苗を植えて大きく育てることから、人間の精神に何かを芽生えさせる教養科目もその字で表現したのである。心のなかに豊かに実り、やがて大きな収穫を得させてくれるものが「藝」だが、その代表はなんといっても学問であった。

「藝」

「藝」はもともとこのように学問や技術を意味する文字だったのだが、近年に英語のartという単語が東洋に入ってから、その訳語としてこの漢字が使われるようになった。ちなみに「藝術」ということばは明治の思想家西周《にしあまね》が英語 liberal art の訳語として作ったものであるという。

ところがこの「藝」の上と下の部分を組みあわせれば「芸」になることから、日本では「芸」を「藝」の略字として使うこともあったので、漢字の簡略化をおしすすめた戦後の当用漢字字体表では、それまでの「藝」に代わって「芸」を正規の漢字の字体とした。

しかし「芸」はそもそも「藝」とはまったく関係ない別の漢字であり、早い時代には日本でも「芸」と「藝」が区別して使われていた。そのことを示す有名な例が日本最古の図書館の名前で、それは奈良時代末期に石上宅嗣《いそのかみのやかつぐ》が自分の旧宅に設置した書庫「芸亭」であるが、この「芸亭」はウンテイと読む。「芸」（音読みはウン）は香りの強い植物の名前で、この草が発散する香りは虫除けに効果があるので、書物を保存しておくところには防虫剤としてこの草をおいておく習慣があった。日本最古の図書館の名前に「芸」が使われているのも、そのためにほかならない。

このような事実が過去にあったにもかかわらず、後の日本では「芸」が「藝」の略字として使われた。「藝」は十八画（クサカンムリの画数の計算によって、十九画とされることもある）もある複雑な形だが、「武藝」とか「藝能」「藝者」などこの漢字を使うことばが日本語には多く、より簡単に書ける字形が必要だったのであろう。ちなみにいまの中国では、

「藝」の簡体字として「芸」よりさらに画数の少ない「艺」が使われる。これは「藝」(yì)と「乙」(yǐ)の発音の近似を利用した、現代版の形声文字である。なお「芸」の中国での発音はyúnなので、「藝」の代わりに「芸」を使うことは絶対にない。

「冒流」か「冒瀆」か

右に、「現代版の形声文字」と書いた。「形声」とは漢字の構成原理である「六書」の一つで、字形を構成する要素のなかに表音機能を含む方法である。実際にこれまで作られてきた漢字の半分以上、おそらく七割以上がこの「形声」の方法で作られたものであるが、この方法は、ある漢字の字形を簡単にしようとする時には現代でも有効に作用する。

現代中国の簡体字にも、この形声の方法で作られたものがたくさんあって、「鐘」を「钟」、「遷」を「迁」、「華」を「华」、「勝」を「胜」と書くなど、その例は枚挙にいとまがない。

これらのほとんどは一九五〇年代末期の文字改革によって作られた簡体字だが、そのなかにも作り方が妥当でないと思えるものがいくつかある。特に問題なのは「進」を現在の中国語では「进」と簡略化することで、「進」はjìnと発音するが、しかしその簡体字で音符(表音機能をもつ構成要素)として使われている「井」は、中国語ではjǐngと発音される。つまりjǐngと読む字でjìnの発音を示そうとするわけである。jìnとjǐngならそんなにちがわないではないかと考えるのは中国語を知らない者の暴論であって、中国語を勉強した経験のある人なら、最初にする発音練習の段階で、音節末尾に来るnとngのちがいについてさんざん苦しめられたはずである。両者はどちらも日本人の耳には「ン」と聞こえるが、nは「案内」の「ン」、ngは「案外」の「ン」であって、それは中国語では完全に別の音として区別される。それが、「進」の簡体字として作られた「进」字においては中国人自身によって混同されているのである。

現在では中国でも日本でも、本来の字形を省略したり変化させた形が、正規の字形として使用されることがある。ここではそのことの功罪を論じないが、ただ確実にいえることとして、本来の字形に改変を加える段階で、漢字に関する正確な認識や知識をふまえずに操作が加えられたという事実がある。

「芸」を「藝」の代わりに使うようにしたのはその最たるものだが、ほかにもＪＩＳ漢字コードのちがいによる「拡張新字体」が、いまも「ガラケー」と呼ばれる携帯電話や電子辞書などの一部の機械で表示されるという問題がある。

一九七八年に制定されたＪＩＳ漢字コード（78JIS）では「冒瀆」「祈禱」「飛騨」「醬油」「瓢簞」「攪拌」というように、本来の正しい字形で表示されていたのが、一九八三年に改訂されたＪＩＳ漢字コード（83JIS）では、「冒涜」「祈祷」「飛騨」「醤油」「瓢箪」「撹拌」と表示されるようになった。これは、常用漢字表で採用されている簡略方法を表外字（常用漢字表にない漢字）にも適用した「拡張新字体」を例字に採用した結果であり、特に「森鷗外」が83JISでは「鴎外」と表示されたことが大きな問題となった。これらの拡張新字体による字形はいまも83JISが使われている機種で表示され、特に兄や姉からの「お下がり」として年少者に与えられる旧タイプの電子辞書では、いまも「冒瀆」が「冒涜」、「祈禱」が「祈祷」などと表示される。このような電子辞書でもユーザーにとっては信頼すべき辞書なのである。そしてそこに、従来の漢字に関する常識からは考えられない字形がいまだに画面に登場するのを見ると、現在の漢字文化について、いささか暗澹たる気持ちにならざるをえない。

⑥埊と圀——則天文字のはなし

漢字を研究対象としていることもあって、中国に行く機会がこれまでなにかと多かった。はじめて中国の土を踏んだのはもう四十年も前になるが、それ以来今日に至るまで、中国に行くたびに、毎回新鮮な感動と発見をあたえられる。西安に行き、「秦始皇帝《しこうてい》陵兵馬俑坑」をはじめて見た時には、しばらくの間は口もきけないほどのショックをうけた。それまでにもテレビや写真によって兵馬俑を見たことはあったが、しかし壮大な規模で広がる陶器製の兵士や馬の大軍団を眼前にして、人間がここまでできるものかと、ひたすらに驚嘆するばかりであった。

始皇帝の権力の大きさは想像を絶するもので、「不老長寿」以外にできないものはなかったといっても過言ではないだろう。しかしその始皇帝ですら挑まなかったことがある。それは自分専用の漢字を作るということである。

これまでの長い歴史において、漢字はずっと権力のシンボルであった。漢字の読み書きに通暁した人間が、ほかでもなく支配階級の構成員であった。過去の中国の社会構造は「官」と「民」の二つに大きく分けることができるが、それは同時にまた、識字層と非識字層との二分でもあった。

伝説によれば、漢字は古代の聖人が作りだしたものであった。そして漢字は聖賢の教えを伝えるものだから、文字が書かれた紙をゴミとして棄てることは厳につつしまなければならなかった。漢字は全中国人にとって、天からあたえられた神聖な文字として存在しつづけたのである。

ところがそんな神聖な漢字に対して、不遜にも独自の改廃を加えようとした人物がいた。それは中国史上唯一の女帝となった則天武《そくてんぶ》后《こう》である。

則天武后、本名武照は、もともと唐の第二代皇帝太宗《たいそう》に仕えた女官だったが、太宗の死後、その子である高宗《こうそう》の後宮に入って皇后となった。高宗はかねてより病弱で、政治を家臣に委ねることが多かったため、しだいに武照が国政の実権を握りはじめた。やがて高宗が亡くなると武照は皇帝の首をつぎつぎにすげ替え、ついにはみずから皇帝の位について、国号を「周」と号した。権勢欲の権化であった女性はついに頂点をきわめ、唐はここに一時中断したのである。

則天文字

皇帝となった武照は、自分が新しい王朝を開いたことを象徴する意味をこめて、独自の新しい文字を作成するという事業をおこなった。これが「則天文字」といわれるもので、この文字を実際に作ったのは武照の従姉の子の宗秦客《そうしんかく》といわれるが、作られた字数について説が一定していない。則天文字に言及する初期の文献の一つである南宋・鄭樵《ていしょう》の『六書略』には「天・地・日・月・星・臣・載・初・年・正・照・證・聖・授・戴・国」の十六字が載せられていて、これによって考えるならば、則天武后が作ったのは、主として年号や皇帝に関する用語に使う文字が多かったようだ。

則天文字は新規の造字とはいうものの、ほとんどが既成の漢字のヘンやつくりを適当に組みあわせたものにほかならない。たとえば「照」に相当する「曌」は、皇帝となった武照の実名を表す文字だから、中国のしきたりでは、他人が使うことは絶対に許されない。したがってこれこそ彼女専用の文字なのだが、それは「明」と「空」を上下に組みあわせた形である。文字の構成の背景には、自分が天空に明るく輝く太陽のように地上を永遠に照らしたいという、思いあがった願望がこめられているのであろう。

「國」は縁起の悪い文字

この則天文字で、「国」に代わる文字として作られたのが「圀」であり、この字の制作については、次のような話が伝わっている。

ある家臣が則天武后に対して、「國」という字は《口》と《或》からできているが、《或》は「惑」（まどう）に通じるからよろしくない。そこで《或》のかわりに《武》（則天武后の姓）を入れるのがよろしかろうと申し出た。つまり国の中心に武氏がいる形を作れというのであり、彼女はその提案に大喜びし、早速「國」のかわりに《口》と《武》を組みあわせた文字を作らせた。

しかしそれから一ヵ月ほどして、別の者が、それは「囚」と同じ構造で、武氏が《□》のなかに閉じこめられている形だから縁起のわるい文字であると述べた。武后は驚いてさっそくそれを廃止し、そのかわりに《□》のなかに世界全体を表す「八方」ということばを入れた文字を作らせた。それが「圀」だというのである。

「圀」は《八》と《方》を《□》で囲んだ形で、広く世界の四方八方を自分の領土に囲いこもうとする強欲な意識が造字の背景にある。それが不思議なことに江戸時代に徳川光圀の名前に使われ、さらに彼が「水戸のご老公」としてテレビの人気番組の主人公になったからか、「圀」はＪＩＳ漢字規格に収録され、パソコンや携帯電話でも気軽に使える漢字となっている。

３　異体字のはなし

戸籍の俗字

国語政策に関する建議と答申をおこなう「国語審議会」がはじめて設置されたのは昭和九年（一九三四）のことで、戦後も「現代かなづかい」や「当用漢字表」、さらには「送りがなのつけ方」や「常用漢字表」などを答申してきたが、小泉内閣時代の中央省庁再編に連動して平成十三年に廃止され、その任務があらたに設置された文化審議会国語分科会に引き継がれた。私はその最後となった第二十二期国語審議会に委員として参加し、平成十二年十二月に答申された「表外漢字字体表」の審議に加わった。これは「常用漢字表」には含まれないが書籍や公文書に使用されることが多い漢字について、それを印刷する時の字体などを検討した表だが、この表を作成する作業のなかで、委員会では政府が漢字について定めてきたさまざまな規格を参照する機会が何度もあった。

これまで中国の文献に見える漢字を中心に研究してきた私は、日本の行政機関が管轄する漢字規格についてほとんど知識がなかったし、お役所特有のわかりにくい文章には閉口したが、それでもいろんな規格を見ているうちに、日本では漢字についてじつにいろんなことが決められていたのだなぁ、と感心したものだった。

なかでも興味深く感じたのが、平成二年十月二十日法務省民事局長通達「氏又は名の記載に用いる文字の取扱いに関する通達等の整理について」という長ったらしい名前のものについている「別表1」だった。この「通達」は簡単にいうと、常用漢字と人名用漢字には入っていないが、戸籍では使用が認められている字体の一覧表であって、附載される「別表1」には、「氏または名の記載に用いることのできる俗字表」として以下の十五字があげられている。

鈎（鉤）　舘（館）　槗（橋）
桒（桑）　髙（高）　嵜（崎）
﨑（崎）　曻（昇）　舩（船）
兎（兔）　渕（淵）　栁（柳）
寳（寶）　濵（濱）　邉（邊）

これにはさらに注があって、「括弧内のものは、つながりを示すために添えた康熙字典体の漢字である」と記されている。この表の意味を要約すると、それぞれのペアにおいて上にある漢字は、括弧内にある康熙字典体の俗字だが、戸籍に氏名を記載する際には上の字形でも使用が認められる、ということにある。

名前にこだわる日本人

私の知人に「たかはし」さんがいるが、その人の姓は「髙橋」と書くことになっていて、「高橋」と書かれると不愉快に感じるという。本人が語るところでは、先祖代々「髙橋」と書かれてきたから自分の代で勝手に表記を変えることなど考えられないそうだが、ともあれ彼の姓に関する希望は、右の通達によって今後も守られることになる。

ただ表での各ペアが完全に互換であると保証されているわけではない。これには条件があって、戸籍の表記を俗字から康熙字典体（つまり上から下）にすることはさしつかえないが、逆に康熙字典体の方から俗字に移行する（下から上）ことは認められない。つまりこの通達が出た平成二年の時点で戸籍に「桒田」さんと書かれていた人は、これからの戸籍でも「桒田」と書けるし、もし希望すれば「桑田」と書いてもかまわない。しかし現在「桑田」さんである人が戸籍の表記を「桒田」にはできない、というわけだ。

こんな規定ができたことの背景には、戸籍が電算処理されるようになったという事情があるらしい。明治時代に戸籍制度ができて以来ずっと、戸籍は現場の係官による手書き文字で処理されてきたから、どのような漢字だって、よしんばそれが誤字であっても、自由自在に書けた。しかしコンピューターを使うとそうはいかない。それで戸籍を管轄する行政官庁である法務省民事局が、コンピューターにおいて処理すべき俗字の範囲を表で決めた、というわけだ。

通用字体と異体字

日本人には、自分の姓名に使われている漢字の字体にこだわる人が非常に多い。「富」に対する「冨」、「島」に対する「嶋」、「梅」と「楳」、「秋」に対する「穐」など、字種は常用漢字に入っているが、常用漢字表に掲載されていない字体を姓に使っている人が、誰の身の回りにもきっと何人かはいることだろう。

漢字には発音も意味もまったく同じでありながら、文字の形がことなるグループがしばしばあって、それを異体字という。「辺」と「邊」と「邉」や、「野」と「埜」、「龍」と「竜」、「剣」と「劍」、「淵」と「渕」などは苗字によく使われる異体字だが、一般の文章でも、中国や日本の古典文献には「略」と「畧」、「跡」と「蹟」、「闇」と「暗」、「棄」と「弃」などの異体字ペアが頻出する。

このような同音同義で異字形の漢字群のうち、人々がよく使い、社会的に標準的な字形と認知されている字形を通用字体とし、それとことなった字形のものを「異体字」、または「別体字」「或体字《わくたいじ》」などと呼ぶ。ただし何をもって通用字体と異体字をわけるか、その分類はあくまでも社会のなかでどれくらい使われているかという、頻度を基準にした判断に基づくだけで、学問的に明確な基準は存在しないといってよい。

また標準的な字形が、時代によってことなることもある。たとえば「群」と「羣」はどちらも《君》と《羊》からなり、同音同義だから両者は異体字の関係にある。この二字について、正統的な規範を示す『説文解字』（後漢・許慎撰）では「羣」が親字として建てられ、ヒツジが群れをなすことという解説が加えられているが、「群」という字形はその書物には出てこない。それが唐代の張参《ちょうさん》『五経文字』になると「群」が「羣」の俗字として登場し、やがて北宋の『大広益会玉篇』（一〇一三年）では「群」が見出し字とされ、逆に「羣」は収められていない。さらに近年になると、日本でも中国でももっぱら「群」が使われたので、それで一般には「群」を通用字形、「羣」を異体字とする。

異体字の歴史

異体字は「甲骨文字」のなかにすでに存在するが、とくに漢代あたりから文字の使用人口が増え、多くの人が日常的に漢字を書くようになると、より簡単に文字を書こうとして、便宜的に字形をくずす傾向が強まった。また書写材料の多様化も、それに拍車をかけた。

山中の切り立った崖や、長方形に切り出した大きな石から石碑を作る時には、鉄製の鑿《のみ》をハンマーでたたいて文字を刻む。いっぽう表面がなめらかな紙に文字を書く時には、ヤギやウサギなどの柔らかい毛を先端につけた筆で文字を書く。このようにことなった道具を使う文字記録環境では、同じ人物が同じ漢字を書いても、同じ形に書かれる方がむしろ不思議であった。文字文化が多様化し、さまざまな素材にさまざまな道具で文字が書かれるようになるとともに、多くの異体字が生まれてきたのは当然であった。

特に中国が南と北に分裂し、「北碑南帖《ほくひなんじょう》」（北方では石碑、南方では写本が主流であること）と呼ばれる、相互に異質な文字文化がそれぞれの地域で展開された南北朝時代には、きわめて多くの異体字が使われた。それはいまも洛陽に残る龍門石窟の「造像記」（仏像建立の由来を岩肌に刻んだ文章）や、王羲之をはじめとする書家の作品に示されている通りである。

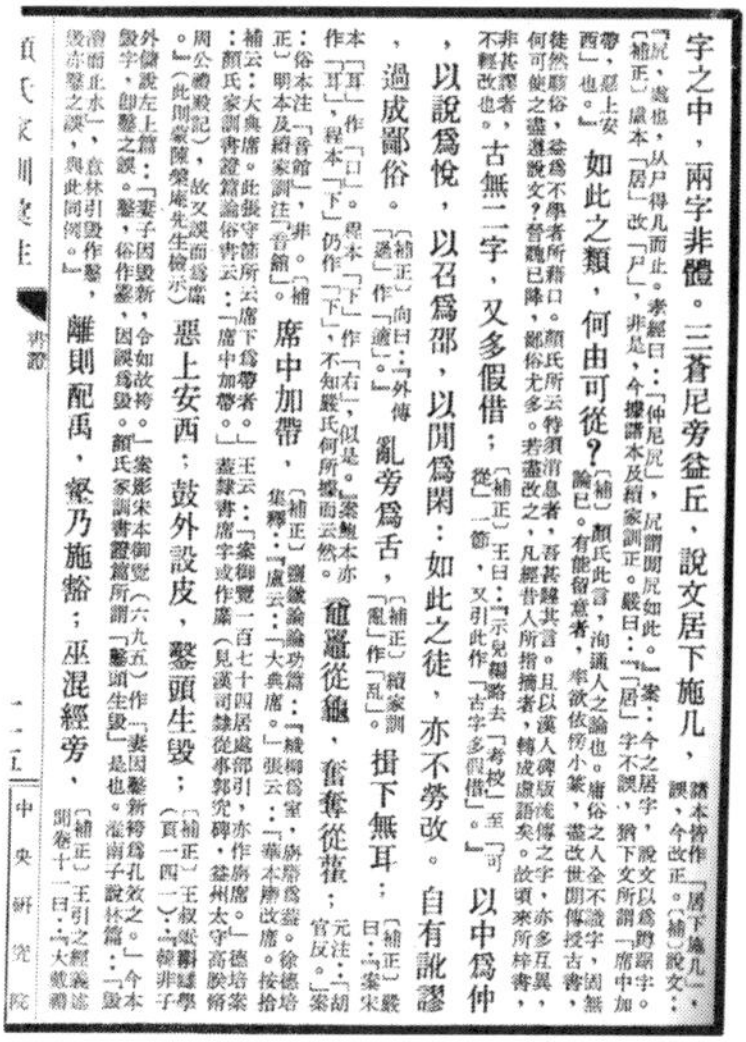
字之中，兩字非體。三蒼尼旁益丘，說文居下施几，如此之類，何由可從？古無二字，又多假借；以中爲仲，以說爲悅，以召爲邵，以閒爲閑：如此之徒，亦不勞改。自有訛謬，過成鄙俗。亂旁爲舌，揖下無耳；黿鼉從龜，奮奪從雚；席中加帶，惡上安西；鼓外設皮，鑿頭生毀；離則配禹，壑乃施豁；巫混經旁，

『顔氏家訓』「書証篇」

このような南北朝時代の文字に現れた混乱状況について、当時の文献にきわめて具体的な状況が記録されている。

孔子の高弟である顔回《がんかい》を祖先にあおぐ名家の出身で、学者としても名声の高い顔之推《がんしすい》（五三一～五九一？年）が、文化人として生きる心構えや教養などについて子孫に書き残した『顔氏家訓』に、「書証篇」とい

北魏
吐谷渾璣墓誌

席

北魏
比丘法生造像記

悪

う篇がある。これはすぐあとに続く「音辞篇」とともに、南北朝時代の文字・文献・言語に関する学問的状況がきわめて具体的に活写されている部分として、古くから重要な資料とされているが、その「書証篇」で顔氏は、漢字の書き方は時代によってそれぞれ変化するといい、その結果もともとは誤字でありながら社会で実際に通用している文字として、合計十五の漢字を例として挙げている。

ただその記述は、異体字に言及するとはいっても、字形をそのものズバリの形で掲げるのではなく、たとえば「亂旁爲舌」（前ページ図版七行目）とか「席中加帯」（九行目）、「惡上安西」（十一行目）というように、字形を構成する種々のパーツを指摘するという方法で書かれている。

具体的に見れば、最初の「亂旁爲舌」は「亂の旁を舌と為す」と読み、「亂」のヘンの部分が《舌》と書かれていることをいう。すなわちおなじみの「乱」という形のことで、いまは日本や中国で規範的な字形として使われている「乱」が、じつは六世紀の中国ですでに使われていたことがこの記述からわかる。

同様に「席中加帯」とは、「席」という字の内部を《帯》と書いた形（北魏の「吐谷渾璣墓

誌」に見える）、また「惡上安西」とは「惡の上は安《いず》んぞ西ならんや」と読み、「惡」の上部

にある《亞》がその時代には《西》に書かれることがあった（北魏「比丘法生造像記」などに

見える）ことを批判している。その他にもこの部分の記述によって、「鼓」は当時の字形で

はツクリにある《支》が《皮》となっていた、すなわち「皷」と書かれていたことなどが

わかり、これらの字体はすべて誤りだから、「治さざるべからず」と顔氏はいう。

異体字の淘汰

顔之推が書いている南北朝期の字形混乱が、ほぼそのまま隋唐の時代に引き継がれ、そしてその隋の時代に、高級官僚採用試験としての「科挙」がはじまった。

科挙で出題される科目には、あたえられた題で韻文を作る「詩賦」などもあるが、登用するべき優秀な人材を選別するためにもっとも重視されたのは、「対策」という小論文試験であった。これは時事問題や経書の解釈などの課題に対して、儒学の経典の記述を縦横無尽にふまえながら、定められた書式にしたがって自分の見解を述べるもので、かつて紙がなかった時代に文字を書いた竹や木の札を「策」といったことから、この試験科目を「対策」というのだが、科挙の試験項目では、これがもっとも重視されるジャンルであった。

受験者は形式的にも内容的にもきわめてすぐれた文章を書かねばならないが、その文章に使う漢字に異体字があれば、受験者は異体字のうちのどちらを使えばいいのかわからない。またその答案を採点して優劣をつける側では、受験者が使っている漢字が正しいかいなかを判断しなければならないが、科挙の試験がはじまったころには、異体字のうちのどれが正しいのか、それを判断する基準がまだなかった。

こうして多くの異体字のなかから、来歴の由緒正しい字形と、そうでない通俗的な字形を区別する必要が生まれ、こうして唐代の中期には、異体字を整理して字形の正俗を区別する研究がおこなわれるようになった。このような学問を「正字の学」といい、やはり顔家の出身で唐初の高名な学者である顔師古《がんしこ》（五八一〜六四五年）が著した『顔氏字様』がその嚆矢となった。

『顔氏字様』はすでに散逸しているが、顔師古の弟の孫にあたる顔元孫が作った『干禄字書』がいまに残っており、それによって唐代における字形の正俗判定の具体的な状況を見ることができる。

『干禄字書』は約八百種類（のべ字数一千六百五十八字）の漢字を、楷書で韻目順に並べ、異体字を整理して、正・通・俗の三種類に分類する。

うちの「正」とは経典などに根拠を持つ由緒正しい字形で、詔勅など朝廷が発する公文書や科挙など、正式な文字書写ではこれによる。「通」は正字に準ずる字形で、長く使われ社会に定着しているので一般的な書類あるいは私信などで使用する分には差し支えないもの、「俗」は民間で広く使われてきたが確実な来歴をもたないもので、私的な書類や薬の処方箋などには許容されるが、公的文書で用いるべきではないものとした。

『干禄字書』正・通・俗

なお書名に「干禄」と名乗るのは『論語』為政篇「子張、禄を干《もと》むるを学ぶ」に由来し、官に仕えることを意味する。つまり平たく言うと「給料をもらうための字書」という意味で、これはきわめてプラクティカルな目的の下に作られた字書であった。

『干禄字書』は著名な書家となった顔真卿が書いた文字を石碑にし、そこから採った拓本が広く世間に流布したことから、後世における漢字の正俗判断に広く用いられた。日本にも早くに輸入され、日本の漢字文化にも大きな影響をあたえたが、のち清代に『康熙字典』が作られると、漢字の規範はすべてそれに準拠することとなった。

異体字は、現在の日本にもまだ多く存在する。とくに人名や地名には多くの異体字が用いられ、それらは個人のアイデンティティにかかわる部分もあってそう簡単に整理はできないが、そうではない異体字は、できるだけ早く淘汰する必要がある。異体字がむやみに増えることは、社会での文字使用に大きな混乱をあたえるからだ。まして今後コンピューターによる漢字処理がどんどん進む状況を考えれば、異体字の淘汰を積極的に推進する必要があるだろう。といっても、いまさら『康熙字典』に従って、という時代ではない。

新しい時代に応じた漢字の規範の策定が、いまこそ必要なのである。

4　情報化時代と漢字

蓄積と伝達

突拍子もない話だが、あなたは原始人であると仮定する。洞窟に家族とともに暮らすあなたは、槍を数本もって、今日も野原へ狩りに出かけた。

食料が底をつきかけてきたので、ひとつ大物を狙わなければならない。幸いなことに、今日はいい天気だし、暑くも寒くもないから、狩りをするにもじつに都合がいい。

そんなことを考えながら歩いていると、向こうから大きな鹿が三頭、こちらに進んでくるのが目に入った。これはありがたい！　絶好の獲物だ。鹿はこちらに気がついていないようだ。草むらに身をひそめたあなたは、目の前にまで近づいて来たいちばん大きな鹿をめがけて、最初の槍を投げつけた。槍は狙いたがわず命中。二頭目の鹿にも、立てつづけに放たれた槍が当たった。三頭目には逃げられてしまったが、首尾よく鹿を二頭倒すことができた。今日はなかなかの上出来である。

さあ獲物をもって洞窟に帰ろう。しかし一人で二頭の鹿をもって帰るのは大変だ。ここはまず一頭だけかついで帰り、もう一頭はどこかに隠しておいて、あとでまた取りに来ることとしよう。そう考えてまわりを見まわすと、近くに大きな木が三本生えていて、真ん中の木の根元のところに、ものを隠すのにちょうどいい大きさの穴があいていた。あなたはさっそくその穴に鹿を隠し、上を木の葉でおおうと、一頭の鹿をかついで、意気揚々と洞窟に引きあげた。

いい知らせで家族を喜ばせてやろうと、はずむ心で帰ったところ、あいにく洞窟にはだれもいなかった。たぶんみんなは木の実の採取にでも出かけたのだろう。それでは隠しておいたもう一頭の鹿は息子に取りに行かせ、自分は新しい獲物を狙いに、別の野原に出かけることとしよう。そう思って、あなたは息子に対する伝言を書き残そうとした……。

さて、ここで伝言を記録する必要に迫られたあなたは、いったいどのようにして息子に鹿を取りにいかせるだろうか？　もちろん紙も鉛筆も、それどころか文字すらまだない時代のことである。

おそらくほとんどの人は、三本の木と鹿の絵を地面に指で描くという方法をとるだろう。帰ってきた息子がその絵を見て、父親が仕留めた鹿を木が三本生えているところに隠しているという事実を読み取り、そして鹿を取りに行ったとすれば、その伝言は見事に効果を発揮したということになる。

以上ははなはだ幼稚な物語だが、ここで父親の意図通りに息子が鹿を取りに行ったとすれば、地面に書かれた絵は「情報の蓄積と伝達」という機能を過不足なく果たしたことになる。

鹿を持ち帰った時に息子が洞窟にいれば、あなたは口頭で鹿の隠し場所を息子に告げ、それを取りに行くよう命じたにちがいない。しかし口で話される音声言語は、目の前か、声が届く範囲内にいる人に対してしか聞こえないし、発せられた次の瞬間に音声は消滅してしまう。はるか後にテープレコーダーが発明されるまで、音声言語はその場にいない人間に対してまったく無力だった。

だが人類はやがて音声言語によらずに情報を記録し、それを他者に伝達できる方法を見いだした。それにはいくつかの方法があったが、なかでももっとも有効な方法は、文字による記録だった。

右の話における「木」と「鹿」の絵は、それぞれが象形文字であると考えれば、文字による伝達の原始的な形態を示すものといえるだろう。だが厳密にいうならば、父親が洞窟のなかに描いた「木」と「鹿」は文字ではない。この場合の「木」の絵が意味するのは、鹿をかくした野原に生えている特定の木であって、暮らしている洞窟の前やその他のところに生育している樹木一般を意味するものではない。「鹿」も、父親が仕留め、まだ持ち帰っていない鹿を指すのであって、それ以外の鹿を指し示すのではない。ただ一つの特定対象物しか意味していない「木」と「鹿」は、ことばとしての普遍性を獲得しておらず、あらゆる木、あらゆる鹿を意味するものではなかった。すなわち描かれた「木」と「鹿」は、音声言語なら「野原に生えている」とか「自分が仕留めた」というように修飾成分として加えられる要素を、絵のなかに包括しているのである。

普遍性を要求される文字

文字の起源は絵画であると一般に信じられている。そしてその理解はおおむね正しい。

山があれば、それを表す文字として人々は山の絵を描き、水が流れるさまを描いたものを、川を表す文字とした。ムーアハウス（A. C. Moorhouse）の『文字の歴史』（ねずまさし氏訳、岩波新書、一九五六年）は、世界各地の古代文明で使われた文字での「魚」という字を例として、「ありふれた自然物は、世界の遠くはなれた各地でも、似よった方法で描かれている」（同書一三ページ）と述べ、北米インディアン・中国・エジプト・バビロニアでの「魚」という字を掲げている。

文字の萌芽期の段階では、世界の文字は非常によく似た形のものだった。しかし絵画はそのままでは文字になりえない。絵画として描かれる事物は、原則的に世界中でただそれ一つしか存在しない。だからこそ肖像画というジャンルが成立するのであり、ごく普通の絵画でも、たとえば渓流を泳ぐ魚の絵は、水槽に飼われている金魚や、マーケットに売られている鯛を描いたものではないし、カゴに盛られたリンゴは画家の目の前（あるいは脳裏）にあるリンゴであって、果物屋の店頭に並んでいるそれではない。

それに対して文字では、指し示す実体に対する普遍性が要求される。「魚」という漢字は、正月の膳を飾った鯛というような特定の魚ではなく、世界中のあらゆる魚類を指し示すことができなければならない。つまり文字とは絵画として描かれるフォルムに普遍性をあたえたものと定義できるだろう。

実際の例をあげる。ある人がこれから山登りに出かけるとする。その人が登ろうとする山は、富士山のように左右均等になだらかに広がった山かもしれないし、槍ヶ岳のように頂上が鋭く尖っている山かもしれない。標高三千メートルを超える高い山かもしれないし、たかだか五百メートルくらいの、山よりむしろ丘と呼ぶべきものかもしれない。だからその人が登ろうとする山を絵に描くなら、富士山と槍ヶ岳とでは、あるいは高山と丘程度の低い山とでは描き方がちがって当然である。

しかしそれが山である限りは、地表から隆起した土塊であることは確実で、そのことは山をかたどったフォルムで表現することができる。だから「山」というフォルムを見れば、だれでも山という事物を思い浮かべることが可能となる。そしてこの場合、「山」が示しているのは富士山などの特定の山ではなく、どの山でもかまわない。ここに文字が成立する場がある。

目に見える実体のある事物を表す文字を作ろうとして、事物のもっとも端的な特徴を抽出し、具体的かつ「絵画的」に描いたものを象形文字という。ただしこれはあくまで「絵画的」に描いたものであって、絵画そのものではない。なぜならばそこに呈示されるフォルムは、指し示す実体に対しての普遍性をもつものでなければならないからである。そして普遍性をあたえられるがゆえに、その描写は必ずしも写実的である必要はない。「山」

という漢字で表される山の峰が、必ずしも三つあるとは限らない。

このように具体的な事物の特徴をうまくつかんだ文字を特に多く含んでいるのが、漢字である。漢字には象形文字として作られたことを如実に示す字形が多くあって、特に現存最古の漢字である「甲骨文字」の字形を見ると、そのありさまがよくわかる。

「象」と「馬」では長い鼻やたてがみを描き、「牛」や「羊」ではツノの形状を利用し、「虎」や「豹」では体の表面にある模様をシンボライズして描きだしている。同じような象形文字は動物の他にもたくさんあって、たとえば「日」は黒点のある太陽を、「月」は空に浮かぶ半月をかたどっているし、「木」は樹木が地面から生えて、上で大きく枝を張っているさまを、「雨」は空から水滴がしたたり落ちるさまを、「女」は手を前に組みあわせて膝を折りまげた、従順なポーズを取っている人の形をかたどったものである。

表意文字は発展途上の遅れた文字なのか

中国においていつから文字の使用が始まったか、その正確なことはまだよくわかっていない。一九九三年に報道されたところによると、山東省にある紀元前二二〇〇年前後の「丁公村《ていこうそん》」という遺跡から、文字と思われるものをいくつか刻んだ陶器の破片が発見された。しかしこれがたしかに文字であるか、また現在の漢字の祖先であるかどうかについてはまだ定説がないし、解読の作業もほとんどなされていない。

だが少なくとも紀元前一三〇〇年前後からは「甲骨文字」が使用されていたことがわかっており、この文字が現在の漢字につながる祖先であることは確実だから、そこから歴史を数えても、中国での文字使用は優に三千年をこえている。

文字の歴史を考える場合、より重要なことは成立年代の早さよりも、むしろ継続して使われた時間の長さである。エジプトやメソポタミアの文字が後世に断絶して死文字となったのに対して、中国はこれまでに文字の断絶を一度も経験したことがない。漢字はこれまでに三千年以上の歴史を有するが、中国で文明が発生してから現代にいたるまで、ずっと基本的なシステムを変えずに継続して使われつづけている。もともと古代文字のひとつに数えることができるほど古い文字でありながら、現在にいたるまでずっと、膨大な数の人間によって毎日読み書きされている文字は、世界広しといえども漢字だけなのである。

ところで先に「魚」の象形文字に関する話で引用したイギリスの言語学者ムーアハウス(A. C. Moorhouse)の著『文字の歴史』は、原題を『Writing and the Alphabet』という。この原題をそのまま訳せば「文字とアルファベット」とでもなるはずであり、この書物が述べているのは、世界各地の古代文明での文字や、あるいはさらに原始的な絵文字からはじまった人類の文字が、さまざまな様相を示しながら発展し、最終的にアルファベットまで進化する道筋を明らかにしようとするものであった。

ムーアハウスはアルファベットについて、「これこそ、当然、今までの長い発展の系列からみのった、申し分のない、完全な成果とみなしてよいものである」といい（ねず氏訳、前掲書二九頁）、また文字の進化について「今日のわれわれは、意志疎通のために最初に絵がかかれた時代以来ずっと、世界中あまねく用いられてきた多種多様の文字体系を調査できるという恩典にあずかっている。われわれはまたアルファベットにも通暁している、これこそもちろん自然淘汰によるのではなく、人間の選択による適者生存へすすむ進化の過程とみなしうる最高の成果である」と、まったくの手放しでアルファベットを最高の文字システムと礼讃している。

もし文字が使われるようになった目的が口頭で話される音声言語の忠実なる再現だけであったとすれば、もっとも望ましい形態は必然的に表音文字になるだろう。表音文字は表意文字よりもはるかに少ない種類の文字で、効率よく、そして忠実に音声を再現できるからだ。

そしてこの論理でいけば、表意文字はまだ完全なる進化を終えていない、過渡期的な形態に過ぎず、今後さらに表音文字に向かって進化していかなければならないものとされるだろう。極言するならば、表意文字とはまだ発展途上の遅れたタイプの文字ということになる。

しかしそれははたして正しい見方なのだろうか。

現代において、文字に期待されているのは必ずしも音声言語の忠実な再現だけではない。音声の再現だけならば、今日では表音文字による表記よりもはるかに便利な機械が何種類も発明されていて、それらを入手するのも容易である。だが現代において文字に期待されるのは、音声の復元よりもむしろ情報の蓄積という側面である。そのことはポスターというメディアが、通常の書き言葉よりもはるかに少ない文字数で、効率よく情報を伝達しうることを考えれば、即座に理解できるだろう。

冒頭に述べた単純な原始人物語で、父親が描いた「木」と「鹿」の絵を思い出してほしい。もちろん現代の日本人ならあの場合、木と鹿の絵を描く代わりに、「野原に生えている三本の木の下に鹿を隠している」と文章で記録することも可能である。しかしその文章を書くのは、絵を描くよりも大きな労力を必要とするし、時間もかかる。さらに重要な問題として、文章による伝達は、その文章が表す言語を理解できる人に対してしか有効に作用しない。それに対して木と鹿の絵は視力に障碍を持たない人ならだれに対しても有効であるし、また文章よりもはるかに経済効率が高い。ここに象形文字という名前で呼ばれる具象的なフォルムが本来的にもつ、情報伝達の効率性と経済性が存在する。

「育」と「好」にこめられたこと

このような観点から古代中国で使われた象形文字の字形を調べていくと、そのなかに意味明示と情報伝達の面でじつに巧妙な工夫が凝らされていることがわかる。

たとえば「育」という漢字がある。この甲骨文字での字形は、後世の楷書とは大きくかけ離れているが、字の上半分には両手を前に組みあわせた人間が描かれ、それは甲骨文字での「女」にあたる。そしてその「女」の下半身後部、ちょうど尻にあたるところに、頭と足の位置を逆にした子どもを配置したのが、「育」という漢字なのである。

女性が子どもを出産する時、周知の通り、子どもは頭を下、足を上にした形で産道から外に姿を現すが、「育」とはその出産の光景を、生々しいほど具体的に描写した文字なのである。なお「育」はもともと「出産する、子どもを生む」ことを表す漢字で、そこから「そだてる」という意味が派生した。そしてこの字形が楷書で「育」と書かれることとなったのは、《女》を示す部分が《月》に置き換えられ、要素の配置される位置が上下に変わった結果である。

甲骨文字の「育」で注意すべきことは、子どもが頭を下にした形に描かれ、それが《女》の下半身後部の位置に配置されていることである。というのは、「育」と同じく

《女》と《子》という二つの要素だけでできている文字に「好」があるが、「好」は「育」と意味がまったくことなっているからである。

「好」は《女》が自分の《子》を可愛がることから、広く一般的に「すきこのむ」こと、またそれから転じて「このましい・よい」ことを意味する字となったが、その字形は《女》と《子》二つの要素を横に平面的に並べただけである。つまりまったく同じ構成要素でできている「育」と「好」の意味のちがいをもたらしているのは、それぞれの要素が配置される方向と位置だけなのである。

「好」ではその字を構成する《女》と《子》という要素が本来もっている意味を総合化することによって、文字全体の意味を導きだしているが、「育」では意味を導き出すプロセスに、視覚に訴えるたくみな工夫が加えられていて、「子ども」を意味する《子》が、実際に生まれてくる方向の通りに、またそれが《女》の中で本来存在するべき場所に、的確に配置されている。そしてそのことで、「子どもを生む」という意味を示すのに成功しているのである。

「育」

「好」

このように漢字では意味を導き出す過程において、構成要素を配置する方向と位置が、すなわち構成要素があたえられているベクトルが重要なはたらきをし、それが視覚に訴えることで全体の意味が示されることがしばしばある。これを私は「漢字に内包されるベクトル」と呼んでいる。

両手を捧げ持つ漢字

このベクトルが意味明示面で大きな働きをしていることをさらに明確にするために、次に《手》の動作に関係する文字のなかからいくつか例をあげてみよう。

「共」は何かを両手で捧げ持つことを示す文字で、字の下部は、両手を下から上にあげた形である。だからそれはもともと何かの物を捧げ持ち、祭壇などに物をそなえることを意味する文字だった。しかし後にこの字が「ともに・一緒に」という意味に使われることが多くなったので、そこであらためて《人》を加えた「供」が作られた。下から上にあげた手の形は、「共」という漢字のなかで上向きのベクトルをあたえられていることで、意味を表すプロセスにおいてより詳細に、かつ正確に機能しているのである。

この上向きのベクトルをもつ両手が、「具」にも使われている。「具」は《目》という形で示される何かの物体を両手で捧げ持っている形である。《目》の部分が意味するものについてはいくつかの解釈があるが、この字は何かを両手で捧げ持って「具え《そな》」ようとしている形である。

同じ構造が「典」にもある。「典」の上部にあるのは木簡や竹簡をならべて紐で綴じた形であり、この形を文字にしたのが「冊」である。「典」はそれを両手で捧げ持った形で、そこから重要な文書、ひいて法律や重要な書籍を指す用語となった。

下を向いた手

以上にとりあげた「共」「具」「典」に見える、両手を上に向けた形とは反対に、「下を向いた手」を要素として持つ漢字もあって、たとえば「印」や「丞」がそれである。「印」はひざまずいた人の頭上に、手を下向きにかざした形である。この字はもともと「おさえつける・抑制する」ことを示し、「抑」の右にある部分は本来この形だった。これが少し変化したのが「印」で、またそれにさらに《手》を加えたのが「抑」である。「印」はもともと上から下へ押さえつけることをいう字であり、それで「印章」や「捺印」という意味で使われるようになった。

「共」

「具」

「典」

「丞」は「救助する」意味の文字で、穴に落ちた人に両手を上から差し伸べ、人を上へ引き上げて救いだそうとして

「印」

「丞」

いる形である。しかしこの字がやがて「丞相」を意味する文字となったので、本来の意味を示すために、あらためて《手》を加えた「拯」が作られた。だから「拯」にはじつは「手」が三本あるということになっている。

「共」や「具」などと、「印」「丞」のなかに含まれている《手》を意味する要素は、ともに手の象形文字でありながら、その方向がどちらを向いているかによって、文字全体の意味が決定される。ここでも要素にあたえられているベクトルが、意味を構築するうえで決定的といってもいいほどに重要な作用を果たしていることがわかるだろう。

象を使う＝仕事する

《手》を構成要素に含む漢字は、この他にもたくさんある。以下にもう少し、手が配置される位置と方向によって意味が決定される例をあげてみよう。

「受」は、二つの《手》のあいだに置かれた《舟》を両側から受け渡しする形で、ここから物を受け渡しする意味に使われるようになった。だから上から伸びる手は下向きに、下側にある手は上向きに描かれている。

「為」は、象の鼻を手でつかんで、象を使役している形である。象は古代中国では野生動物として生息していた。それを捕獲して飼い馴らせば、象は人間にとって非常に有益な動物となった。クレーンが発明される前には、象はもっとも便利な起重機であった。おそらく宮殿を建築する時などでは、材木運搬などに象が使われていたのだろう。そしてこうして象を使役することから、「仕事をする」という意味を「為」という字で表現した。なお「為」の本来の字形は「爲」で、この字の上部にある《爪》はのちに「ツメ」の意味で使われたが、もともとはこのように手を上からかざした字形だった。

「取」は人の耳を手に持つ形で、右にある《又》は右手を示す文字である。古代の戦争では敵の捕虜の耳や首を切り取って戦功を数える習慣があった。「取」はこのように捕虜をつかまえて、切り取った耳を所持することから一般的に「物を手にもつ」という意味で使われるようになった。

「受」

「為」

「取」

「コザトヘン」は目に見えない階段

手に関する動作を含む文字と同じく、足の動作をともなう動詞や事象に関する漢字でも、足を示す要素にベクトルがあたえられ、それによって全体の意味をあきらかにするものがある。

「陟」

「降」

足の動作に関する文字のもっともわかりやすい例として、まず甲骨文字での「陟」と「降」を見てみよう。

「陟」と「降」の左半分には「コザトヘン」があるが、これは空を漂う神が地上に降り立つ時に使う、目に見えない階段を表している。この階段に上向きの足跡を配置したのが「陟」で、だからこれは「のぼる」という意味になり、反対に下向きの足跡を階段に配置したのが「降」である。またこれは足跡ではないが、この階段から人がまっさかさまに落下していることを示す字があり、これは今の漢字では「墜」にあたる。

「止」は足跡

ここに見える足跡の形を要素として使った文字は、ほかにもいろいろある。もっとも単純なのは「止」で、これは人の足跡をかたどった文字である。

この「止」を前後二つに並べたのが「歩」で、「歩」は二つの足跡を前後に並べた形から「あるく」という意味を示す。また「出」も足跡が囲いのなかから外に出ようとしている形を示しており、まさにこれから外に「出よう」としているところである。

現在の字形からはまったく想像できないが、「正」にも足跡の形が含まれていた。楷書の「正」から上の横線をとり除くと《止》になるが、《止》は前述したように人間の足跡の象形文字だった。そして現在の「正」の字形で上にある横線の部分は、古くは四角か丸の形に描かれていた。この四角または丸の形は、壁で囲まれた集落を表した。古代中国では人が暮らす集落は、かならず土を高く積んで上から固くつきかためた塀状の壁で囲まれていた。「正」はそのような土塀で囲まれた集落に向かって人が進んでいる形であり、その集落に向かって攻撃をしかけることを示す漢字だった。

ところがやがてこの字が「ただしい」という意味を示すのに使われるのが普通になり、「正」の本来の意味がしだいに忘れられるようになったので、あらためて「道路・行進」を示すマークである《彳》をつけて、元来の意味を表すようになった。こうして作られたのが「征」である。

「歩」

「正」

方向が意味を持つ

また集落を示す四角と人の足跡を示す《止》からできている漢字には、他に「韋」がある。

「韋」 「衛」 「逆」

これは四角の上に正反対のベクトルをあたえられた足跡があり、そこから「すれちがい」という意味を示していた。これにシンニョウを加えたのが「違」である。

「韋」では二つの足跡が行きちがうだけだったが、この四角のまわりをぐるっと巡回するように足跡を配置すれば「衛」となる。古代の青銅器の銘文に使われた字形では、集落のまわりをパトロールして、四方を守っているさまをはっきりと示す字形がある。そしてこの《韋》に道が四方に展開していくことを示す《行》を加えたのが「衛」で、だから「衛」は「まもる」という意味で使われるのである。

《行》の左半分だけを独立させたのが《彳》で、《彳》は「道路」という意味で使われる。その《彳》と、人の足跡を示す《止》でできている字がある。これは文献にはほとんど見えない漢字だが、もともとは人が道を歩くことを示す文字で、この《止》を《彳》の下に移したのがのちに「シンニョウ」となる漢字である。

このシンニョウと、人が立っている姿を描いた《大》を上下さかさまにした形と、足跡を組みあわせれば「逆」になる。「逆」で《大》がさかさまになっているのは、向こうの方からやってくる人を表しており、足跡はこちら側からその人を迎えに行くことを示す。だから「逆」とは、向こうからやってくる人を迎えることが本来の意味で、そこから派生して、「相反する方向」という意味をも示すようになった。

ピクトグラムと漢字

ここ数年、日本の各地でさまざまな博覧会や展覧会が開かれ、さらに二〇二五年には大阪でふたたび万国博覧会が開催されることになった。またいわゆる「テーマパーク」がいたるところに設置され、多くの観客を集めている。そのような博覧会場や各種施設などでは、文字を使っての掲示や看板などにかわって「ピクトグラム」(pictogram)と呼ばれるビジュアルな標識が使われる。たとえばインフォメーションセンターの所在を示すには「?」という記号が掲げられ、またレストランの場所を示すにはナイフとフォークを並べた記号などが使われる。

このピクトグラムは、意味するものの形をわかりやすく図形化し、視覚的に情報を伝達するので、事前の知識がなくてもその意味するところを瞬間的に理解することができる。だからピクトグラムは瞬間的に情報を読み取る必要がある場所、たとえば高速道路などで使われる標識には最適である。またそれは特定の言語に基づいたものではないから、言語の差異を超越することができるし、まだ文字が読めない子どもなどにも意味を伝えることがある程度可能だから、国際空港やオリンピック会場など、さまざまな人々が集まる場において、きわめて優秀な情報の伝達力を発揮できる。

どこにでもあるピクトグラムの一つに、「非常口」を示すものがある。これはビル火災が続いたことが契機になって、「(財)日本消防設備安全センター」が「避難誘導シンボル」を全国から募集し、自治省(現・総務省)が審査して選定したものだという。ちなみにこの時に応募された作品は三千点を超えたとのことで、選ばれたのは小松谷敏文氏がデザインしたものであったとのことである(『現代デザイン事典』平凡社による)。

このピクトグラムに描かれるのは、光が見えている脱出口から今にも走り出ようとする人間である。そしてこれを見るものは、人間がドアの方向に動こうとするベクトルを瞬間的に看取し、即座にその意味するところを察知する。

ところでこのピクトグラムは、先に述べた「育」や「共」、あるいは「出」「丞」という漢字群と、動作の方向を示すベクトルが意味を明示するという点において、基本的にまったく同じ論理構造の上に成り立ったものとはいえる。両者のちがいは、ピクトグラムが日本語や英語などの文章のなかにまじえて使われないのに対して、漢字は中国語や日本語という特定の言語表記のために使われたということだけである。

漢字は現在から三千年以上も前の時代に、このピクトグラム的思考を文字のなかに内包していた。漢字は長い歴史の間においても、一度も表音文字化への方向に進まなかったが、しかしだからといって、漢字は決して遅れた文字ではないのである。それどころかむしろ逆に、情報化社会の到来が叫ばれてすでに久しい現代においてこそ、漢字がもつこのような情報伝達の効率のよさを、あらためて認識する必要があるだろう。

世界最長の歴史を持つ漢字こそ、現代の情報化時代にふさわしい、もっとも新しい文字なのである。

おわりに　漢字の未来に向けて

漢字ミュージアムの「宝」

平成のはじめから三十年近く勤めた京都大学を定年退官し、京都・祇園にある漢字ミュージアムで仕事をするようになった。ここは漢字の検定試験で知られる（公財）日本漢字能力検定協会が、漢字文化をめぐる生涯学習に貢献することを目的として平成二十八年六月に設置した博物館で、京都でも指折りの大観光地である祇園の、それも八坂神社の目の前というロケーションもあって、小学生から老人まで、日本人のみならず外国人でも漢字を楽しく学べる体験学習施設として、開館三年あまりで三十万人を超える見学者を迎えている。

漢字の博物館とはいっても、できたばかりで歴史が浅いところだから、自慢できるような「お宝」はまったくない。もちろん東京や京都・奈良・九州にある国立博物館には、規模の面でも内容面でもまったく足元にも及ばない。ほかにも日本には東洋の文化にまつわる価値の高い文物を収蔵する民間の博物館がたくさんあり、京都では藤井有鄰館や泉屋博古館、神戸は白鶴美術館、東京は東洋文庫や書道博物館などが、最古の漢字である甲骨文字や殷周古代の青銅器、あるいは古写本や石刻資料など学術的意義の高い文化財を数多く所蔵しておられるが、漢字ミュージアムがいまからそのような古代文物を収集することは不可能だし、よしんば骨董などを扱うオークションにそれら古代文物が出たとしても、それは投機目的で売却されるものか、あるいは盗掘品とおぼしきものがほとんどであって、公益財団法人としての組織が収集の対象とするべきものではない。

そんな漢字ミュージアムだが、ほんの少しは外部に誇れるコレクションがあって、一つは毎年年末に発表される「今年の漢字」を大書した歴代の額である。これはミュージアムの母胎である漢検協会が平成七年にはじめたキャンペーンで、その年を象徴する漢字一文字を一般公募によって選定し、それを清水寺の森清範貫主が巨大な和紙に揮毫する。いまでは年末恒例の行事としてすっかり定着したイベントとなったが、そこで揮毫された書が額装されて、ミュージアムの正面に掲げられている。

この額は漢検協会がおこなうイベントで作られるものだから、漢字ミュージアムにあって当然といえるが、もう一つの「お宝」は、一見したところだけでは漢字とのつながりがわかりにくいものであって、それは昭和五十四年（一九七九）に㈱東芝が発売した、日本最初のワープロJW-10という機械である。これは、かつてラグビー部の活躍が全国的に有名だった京都市立伏見工業高校（二〇一六年度より全日制生徒の募集を停止）から寄贈をうけたもので、だいたいエレクトーン（電子オルガン）くらいの大きさの筐体で、上にキーボードとブラウン管のモニターがあり、右側の片袖机に一〇MBのハードディスクと八インチのフロッピーディスクドライブ、それに二四ドットのシリアルプリンターが収められている。

日本最初のワープロJW-10

ハードディスクの容量が一〇MBというのは、現在なら一〇GBのまちがいかと思われるかもしれないが、この時代にすでにハードディスクを搭載していたということ自体が驚きであった。また外部記憶メディアとしてフロッピーディスクを搭載するが、使われているのは、文房具の下敷きのような大きさの八インチフロッピーだった。私が勤務先の大学ではじめてフロッピーというものを使ったのは八インチのものだったが、やがて八〇年代に一世を風靡したNECのパソコンPC9801シリーズでは五インチフロッピーが使われ、さらに小型化して三・五インチのフロッピーディスクが主流になったが、それも今は昔の話、最近ではフロッピーディスクそのものを見ることがほとんどなくなった。

ところでこのワープロが発売された時は、六三〇万円というとんでもない金額であった。当時私は大学院生だったが、京都の市バスが八〇円、大学卒の初任給が一一万円くらいで、下宿していても一ヵ月の生活費が七万円もあればじゅうぶんという時代だった。そんな時代に六三〇万円のものなど、とうてい一般人が買えるものではなく、関係者に聞いた話では、このワープロは国内でだいたい一千台ほど出まわったとのこと、大企業でも一台あるかどうかという、そんな機械の現物が、漢字ミュージアムの一階に展示されている。

手書きから機械入力への過渡期

ところで、なぜこんなワープロの話をするかというと、大学退官前になかば義務としてやらされる最終講義で、私は自分の学生生活から教員として定年退官するまでを、漢字を手書きで書く時代から機械で入力する時代への過渡期ととらえ、そこからこれまでの研究生活をふりかえる話をしたからである。

私は昭和四十六年に大学に入り、助手を終えるまで十一年間京都大学に在籍していたが、卒業論文はもちろん、修士論文も、助手採用の時の履歴書も、すべて原稿用紙に万年筆で、手書きで書いた。だが時代はそろそろ情報化時代に入りつつあって、静岡大学人文学部に在職していた昭和五十九年時に、机上に乗る（今の電子レンジくらいの大きさだった）小さなワープロ専用機を買った。当時はまだそれなりに高価で、夏のボーナスが四〇万円ちょっとだった時に、たしか三〇万円くらいだったと記憶している。それでもその五年前に発売された日本最初のワープロが六三〇万円だったから、あっという間に安くなったし、機能面でもJW-10より飛躍的に向上していた。日本の商品経済のなかでも、ワープロ専用機ほど急激に高機能低価格化が進んだものも珍しいのではないだろうか。

自分専用のワープロを買ったばかりのころは、もううれしくてうれしくて、ひまがあればカチカチとキーボードをたたき、用もないのに友人に手紙を書いたりして迷惑がられたものだった。その頃の機械では、すでに一般的な日本語の文章を書くためにはほとんど不自由しなくなっていた。しかしかな漢字変換の精度はまだまだ低く、ちょっと特殊な漢字を使うにはかなりの苦労をさせられた。ましてや、中国学と仏教学系統の（つまり漢字を多用する）領域での使用には、ほとんど対応できていなかった。だからその翌年にはじめての書物『漢字学――説文解字の世界』（東海大学出版会）を刊行した時は、書物自体は原稿用紙と万年筆を使っての手書きで書き、本が出てから、知人友人への「刊行案内」（という押し売り販売）の手紙をワープロで作成したものだった。

しかしそれから四年後の平成元年に出した『図説漢字の歴史』（大修館書店）の原稿は、

ワープロ専用機を駆使して書いた。その頃でもまだ、JIS第二水準に収録されている漢字を使うには別売で八〇〇〇円もする「第二水準フロッピー」を必要とするなど、不便な面も多くあったが、画面上で漢字かなまじり文の文書を思うままに書き、自由に編集でき、保存でき、簡単に印刷までできるという機能は、悪魔的といってもいいほど魅力的だった。こうして漢字を多用した本を最後まで機械で書いた私は、それ以後いまにいたるまで、かなり特殊なもの以外は、すべてキーボードをたたいて書いている。

私の最終講義の骨子は、私自身のこのような「文章表記史」が日本の電子産業の発達とだいたい重なっている、ということだった。

私が大学院にいた一九七〇年代半ばから八〇年くらいにかけて、日本の社会ではあちらこちらにコンピューターが登場しはじめた。それまでは、毎月振りこまれる奨学金を銀行から引き出すためには、預金通帳と印鑑を持って銀行の窓口で所定の手続きをしなければならなかった。たまの出張や旅行で列車の切符を予約するために、駅の窓口で早くから行列に並んだ経験もある。年配の方からは、なにを当たり前のことを……と思われるかもしれないが、私より十歳若い後輩は、銀行預金の引き出しに通帳と印鑑を使った経験は一度もないという。かつてのゼミ旅行で幹事をしてくれた平成五年生まれの学生は、飛行機でも新幹線でも切符の予約はすべてウェブ上でおこなっていて、私の思い出話に対して、ふーん、チケットの予約って、昔は行列に並んだのですかぁ、とあきれ顔で感心していた。ビジネスの世界は知らないが、大学では平成になったころくらいから、論文はもちろんのこと、学生の卒論やレポートもワープロ（あるいはパソコン）で書かれたものがほとんどになっていた。それからさらに時間が経ったいまでは、大学のあらゆる手続きや業務がウェブ上でおこなわれ、教員でも学生でも、パソコンやスマホを使わないとなにひとつできないようになっている。

そう考えれば私たちの世代は、日本語を手書きで書いていた時代から、パソコンなどの電子機器を使って書く時代への、ちょうど端境期に立ち会ったといえるだろう。そのことを自分より上または下の世代と比べると、私たちは一種特別な、面白い時代に巡りあえたということができるだろう。そしてそれは決して自分から選んだ結果ではなく、まったく偶然的に生まれた時代によってそうなったのだが、そういう時代と環境に生まれあわせたことから、私は漢字と日本語を、特に筆記環境というハードの面の変化に即して、新しい見方をするようになった。

謎をめぐるナゾ

ここではそのような観点から、現在の漢字をめぐる問題について、電子機器上に見える

「之繞」(シンニョウ)という部首を例にあげて考えてみたいと思う。

試しに手許のパソコンやスマホで、「目標に向かって邁進する」と入力するとわかるが、電子機器では「邁」は二点のシンニョウになり、「進」は一点のシンニョウになる。しかし「進退」ではどちらも一点シンニョウになり、「邂逅《かいこう》」ではどちらも二点シンニョウとなる。これはどこのメーカーの機械でもかならずそうなるのだが、スマホの画面が小さいからか、このことに気づく方はあまりいないようだ。

電子機器でのシンニョウの点については、「謎」という漢字がちょっと面白い。平成でいえばだいたい二〇年前後のころ、大学の講義でこの話をしていて、学生諸君にその場で携帯電話を操作させると、「謎」に含まれる《迷》のシンニョウの点の数がばらついた。

そのころはスマホを使っている学生にまじって、「ガラケー」を使っている学生もまだたくさんいたが、「ガラケー」とほとんどのスマホでは《迷》が一点シンニョウで表示されたが、当時最先端のスマホだったiPhoneでは、それが二点になった。そのころのスマホは、同じ会社から発売されている「ガラケー」機種との互換性を維持しなければならなかったので、最新鋭のスマホでも古いＯＳとフォントを搭載していた。それに対して二〇〇八年にはじめて日本で発売されたiPhoneは過去の「ガラケー」との互換というしがらみとまったく無縁であり、また独自のＯＳと最新のフォントを搭載していたことが、シンニョウの点の数のちがいにつながったのだが、しかし最近では「ガラケー」との互換が重視されなくなったのか、ほとんどのスマホで、二点シンニョウの「謎」が表示される。

「悪魔が作った文字」

閑話休題、それでは電子機器ではいったいなぜこんなことになっているのかというと、そこには戦後の漢字行政がかかえたやっかいな問題が介在しているからなのである。

もともと東アジアでは、清朝第四代皇帝の康熙帝の命令で作られた『康熙字典』が、皇帝じきじきの命令で作られたことから権威をあたえられ、漢字についてもっとも正しい基準を示す字書と考えられた。つまり漢字の形や音、意味はすべて『康熙字典』に書かれているのが正しいと考えられたわけだ。

やがて日本では文明開化の時代になると金属活字を使って印刷がはじまったが、この時の活字は『康熙字典』所載の字形をモデルとして作られた。つまり戦前の日本の漢字は、『康熙字典』に載っている字形で印刷されたわけだが、『康熙字典』ではシンニョウの漢字がすべて二点の形になっている。だから日本でも戦前に印刷された漢字は、すべて二点シンニョウとなっていた。

ところが日本が戦争に負け、戦後に進駐してきた占領軍（ＧＨＱ）が象徴天皇制をはじめ、国民主権の憲法制定、普通選挙法、農地改革、男女共学などなど、さまざまな改革をおこなうなかで、彼らはまた国語の改革をめざし、いくつかの政策を政府に勧告した。

その時に彼らが困ったのが、日本語の文字だった。ほとんどのアメリカ人は漢字がわからない。わからなければ勉強すればいい、というのは現在の理性的な考え方で、戦勝国の軍人にそんな理屈は通じないし、そこには漢字を「悪魔が作った文字」としか認識できなかった人物がたくさんいた。日本にとって悲劇だったのは、こういう輩が国語の改革に強硬に口出ししたことで、自分たちの言語と文字がもっとも優れたものであると信じて疑わない彼らは、「こんな時代遅れの非合理的な文字から子どもたちを解放するため、これから先の日本は漢字を使わずに、平仮名か、片仮名か、ローマ字だけを用いるべきである」と文部省に提案をおこなった。

いまなら一笑に付されるか、少なくとも公共の場で討論されて当然の意見だが、敗戦国で被占領状態にある政府は、その要求に逆らえない。とはいえしかし、明日からもう漢字をいっさい使わない、という急激な変化も不可能だから、とりあえず公文書などで当面の間だけ使う漢字として一千八百五十種類の漢字を選び、それを「当用漢字」と名づけた。「当用漢字表」が内閣告示として官報に掲載されたのは昭和二十一年十一月十六日のことだが、その表を官報に印刷するのに使える活字は、戦前に使っていたものしかなかった。

だから官報に載った「当用漢字表」はすべて旧字体で印刷された。「当用漢字表」はまず字種だけ選定したのであって、それぞれの漢字をどのような形で印刷するかは、「追って沙汰を待て」ということであった。

その表に含まれる漢字の形を決めたのは昭和二十四年四月二十八日公布された「当用漢字字体表」であり、この表で多くの漢字の形が変更され、それまで俗字や略字とされていたものが正規の字体と認定され、それ以後の活字設計の見本とされた。

シンニョウの漢字は、この段階で一点シンニョウとなった。ただしこれはあくまで「当用漢字表」に入ったシンニョウの漢字だけについて適用されるものであって、「当用漢字表」に入らなかった漢字は、もうこれからは使われなくなることになっていたので、なんの手当ても講じられなかった。つまり放置されたわけで、結果としては『康熙字典』に載っている形のまま、二点シンニョウで残ることとなった。

第一水準と第二水準

しかしそれから、漢字は現実にはどう展開したか、いまあらためて考える必要があるだろう。かつて進駐軍や文部省、あるいは一部の「進歩的文化人」が公言したように、漢字の使用を大幅に制限したことで日本語の表現が豊かになっただろうか？　ひらがなやローマ字だけで書かれた日本語が、「わかりやすい文章」として社会で大きな効果を発揮しただろうか？　「面倒で弊害ばかり」だった漢字の学習から解放された子どもたちは、あまった時間で外国語や数学、あるいは科学の学習に積極的に取り組んだだろうか？　事実はまったくその逆であった。

戦後の復興が着実に進みはじめ、社会がしだいに落ち着きを取り戻しはじめた昭和三十年代になると、文化人や教育者たちの予想に反して、漢字は一千八百五十種類ではとうてい足りないことに多くの人が気づきはじめた。もともと占領軍の主導で漢字制限が政策として施行されはじめたころ、大多数の国民は毎日食べるものを確保するのに精一杯で、これからの日本語の表記をどうするかという問題にかかわっている余裕などまったくなかった。しかし経済が回復して生活が安定しはじめ、文化に目が向くようになると、たくさんの漢字がいつの間にか使えなくなっていることに人々は気づいた。

この段階になって、文字政策がはじめて国民レベルで議論されるようになった。そしてそれは日本の長い歴史のなかでも、日本人がこれからの日本語の表記方法について真剣に考えた、はじめての機会であったといえるだろう。

やがて昭和四十年代での国語審議会における議論などをうけて、文部省は「当用漢字表」から三十五年を経た昭和五十六年に、一千九百四十五字からなる「常用漢字表」を制定し、表の性格を「漢字制限」から「漢字使用の目安」へと変えた。そしてそれとほぼ同じ時期から、コンピューターなどの電子機器を使って、漢字を機械で処理することがさかんにおこなわれるようになった。漢字はここからしだいに復権を遂げはじめる。

電子情報機器で漢字を使うための規格がはじめて定められたのは一九七八年の「情報交換用漢字符号系」JIS C 6226:1978（いわゆる78JIS）で、その五年後に改訂版として作られた83JISでは、使用頻度の高い漢字を第一水準、使用頻度がそれほど高くない地名や人名などに使われる漢字を第二水準として収録し、あわせて六千三百五十五種類の漢字が電子機器で使えるようになった。この数はじつに常用漢字の三倍以上にあたる。

そしてこの段階で、シンニョウの点の数にちがいが生じることとなった。「当用漢字字体表」によって一点シンニョウとされた当用漢字内のシンニョウの漢字はそのまま常用漢字に引き継がれ、ＪＩＳ規格ではすべて第一水準に入れられた。さらに第一水準には常用漢字以外でよく使われる漢字も入っていて、そこでのシンニョウはすべて一点で書かれているが、地名など特定の用途においてだけ必要となる第二水準では、シンニョウの漢字はかつての『康熙字典』のまま、二点シンニョウの形で電子機器では表示されることとなった。

「邁進」でシンニョウの点の数がちがうのはこれがタネ明かしで、常用漢字である「進」

は一点シンニョウだが、「邁」は第二水準の漢字なので、二点シンニョウとなっているというわけだ。しかし一般の人がパソコンやスマホで漢字を表示する時、その漢字が第一水準と第二水準のどちらに入っているかなどふつうは知らないし、そもそも第一水準とか第二水準ということばすら、聞いたことのない人が圧倒的に多いにちがいない。

自由に漢字かなまじり文を書く時代

情報機器の普及によって、かつて一部の人からあれほど熱心に唱えられた漢字制限論や廃止論がまったくといっていいほど聞かれなくなったし、私が大学で出あったほとんどの若者は、かつての日本で漢字が廃止されるかもしれない機運にあったという事実すら知らなかった。情報機器とインターネットの爆発的な普及によって、いま驚くほど多くの人が機械を使って、朝から晩まで自由に漢字かなまじり文を書いている。これは日本語の表記がはじまって以来未曾有の事態であり、この傾向が今後もいっそう発展していくことはおそらく確実である。

情報化時代においてハードとソフトが日々に進化を続けていく状況のなかで、日本語における漢字の効用がますます重要視され、情報機器で第四水準までの一万を超える漢字が使えるようになっている。しかしそれでも、「邁進」でのシンニョウの点の数がちがっていることに象徴されるように、私たちのまわりには戦後の漢字施策の混乱がいまもなお残されている。

いま必要とされているのは、過去に起こった事態を糾弾することよりも、これからの漢字のありかたについて賢明な洞察を展開することだろう。これからの日本語文化をになっていく若い世代の、前向きで真剣な考察を心から期待する次第である。

初出一覧

本書は、以下の記事をもとに、大幅な加筆・修正をおこなったものです。

はじめに　本書のための書き下ろし

第一章　漢字と暮らす

1　「日々の暮らしと漢字」――NHKラジオ「関西発ラジオ深夜便　ないとエッセー　漢字と日本人」二〇一六年一二月

2　「令和の漢字学――（公財）日本漢字能力検定協会漢字ミュージアムHP「漢字カフェ」所載「あつじ所長の漢字漫談50～53　新元号『令和』を考える第一回～第四回」

3　「旅先で出会う漢字」――（公財）日本漢字能力検定協会漢字ミュージアムHP「漢字カフェ」所載「あつじ所長の漢字漫談43　ペンギンたちの企画会議」、「同41　鹿児島と『麑』――地名の表し方」、「同25　なんと傲慢な文章！」、「同32　谷と穀の関係――『雪の大穀』ってなんのこと？」、「同39　『温故知新』は、なぜ『温める』のか」、「同12　生の餃子はめでたい食品」、「同24　胸をしめつけられる漢字」

4　「人名用漢字について」――平成一六年一〇月二一日第五七回全国連合戸籍事務協議会総会　記念講演「日常生活をめぐる漢字」速記録

第二章　漢字をまなぶ

1　「漢字学のすすめ」——大修館書店『月刊しにか』一九九八年五月号
2　「漢字の履歴書」——大修館書店『月刊しにか』一九九四年四月号〜九月号
3　「異体字のはなし」——大修館書店『月刊しにか』二〇〇一年六月号
4　「情報化時代と漢字」——日本タイポグラフィ協会『日本タイポグラフィ年鑑』一九九五年
おわりに　本書のための書き下ろし

講談社現代新書　2563

日《に》本《ほん》人《じん》のための漢《かん》字《じ》入《にゅう》門《もん》

二〇二〇年二月二〇日第一刷発行　二〇二一年三月二九日第二刷発行

著者　阿《あ》辻《つじ》哲《てつ》次《じ》

発行者　鈴木章一
発行所　株式会社講談社
東京都文京区音羽二丁目一二—二一　郵便番号一一二—八〇〇一
電話　〇三—五三九五—三五二一　編集（現代新書）
〇三—五三九五—四四一五　販売
〇三—五三九五—三六一五　業務
装幀者　中島英樹
印刷所　豊国印刷株式会社
製本所　株式会社国宝社
本文データ制作　講談社デジタル製作
定価はカバーに表示してあります　Printed in Japan

N.D.C.821.2　213p　18cm
ISBN978-4-06-518772-2

「講談社現代新書」の刊行にあたって

教養は万人が身をもって養い創造すべきものであって、一部の専門家の占有物として、ただ一方的に人々の手もとに配布され伝達されうるものではありません。

しかし、不幸にしてわが国の現状では、教養の重要な養いとなるべき書物は、ほとんど講壇からの天下りや単なる解説に終始し、知識技術を真剣に希求する青少年・学生・一般民衆の根本的な疑問や興味は、けっして十分に答えられ、解きほぐされ、手引きされることがありません。万人の内奥から発した真正の教養への芽ばえが、こうして放置され、むなしく滅びさる運命にゆだねられているのです。

このことは、中・高校だけで教育をおわる人々の成長をはばんでいるだけでなく、大学に進んだり、インテリと目されたりする人々の精神力の健康さえもむしばみ、わが国の文化の実質をまことに脆弱なものにしています。単なる博識以上の根強い思索力・判断力、および確かな技術にささえられた教養を必要とする日本の将来にとって、これは真剣に憂慮されなければならない事態であるといわなければなりません。

わたしたちの「講談社現代新書」は、この事態の克服を意図して計画されたものです。これによってわたしたちは、講壇からの天下りでもなく、単なる解説書でもない、もっぱら万人の魂に生ずる初発的かつ根本的な問題をとらえ、掘り起こし、手引きし、しかも最新の知識への展望を万人に確立させる書物を、新しく世の中に送り出したいと念願しています。

わたしたちは、創業以来民衆を対象とする啓蒙の仕事に専心してきた講談社にとって、これこそもっともふさわしい課題であり、伝統ある出版社としての義務でもあると考えているのです。

一九六四年四月　野間省一

世界の言語・文化・地理

F

日本史Ⅰ

日本史Ⅱ

世界史Ⅰ

世界史Ⅱ

959 東インド会社――浅田實
971 文化大革命――矢吹晋
1085 アラブとイスラエル 高橋和夫
1099 「民族」で読むアメリカ 野村達朗
1231 キング牧師とマルコムX 上坂昇
1306 モンゴル帝国の興亡〈上〉――杉山正明
1307 モンゴル帝国の興亡〈下〉――杉山正明
1366 新書アフリカ史――宮本正興 松田素二 編
1588 現代アラブの社会思想 池内恵
1746 中国の大盗賊・完全版――高島俊男
1761 中国文明の歴史――岡田英弘
1769 まんが パレスチナ問題 山井教雄
1811 歴史を学ぶということ 入江昭
1932 都市計画の世界史――日端康雄
1966 〈満洲〉の歴史――小林英夫
2018 古代中国の虚像と実像 落合淳思
2025 まんが 現代史――山井教雄
2053 〈中東〉の考え方――酒井啓子
2120 居酒屋の世界史――下田淳
2182 おどろきの中国 橋爪大三郎 大澤真幸 宮台真司
2189 世界史の中のパレスチナ問題 臼杵陽
2257 歴史家が見る現代世界 入江昭
2301 高層建築物の世界史 大澤昭彦
2331 続 まんが パレスチナ問題 山井教雄
2338 世界史を変えた薬 佐藤健太郎
2345 鄧小平――エズラ・F・ヴォーゲル 聞き手＝橋爪大三郎
2386 〈情報〉帝国の興亡――玉木俊明
2409 〈軍〉の中国史――澁谷由里
2410 入門 東南アジア近現代史 岩崎育夫
2445 珈琲の世界史――旦部幸博
2457 世界神話学入門――後藤明
2459 9・11後の現代史 酒井啓子

J

知的生活のヒント

文学

日本語・日本文化

P